Association des Collaboratrices
et Partenaires en Affaires
2099, boul. Edouard
St-Hubert, Qc  J4T 2A2
Tél.: (514) 465-4565

# METTRE DE L'ORDRE
## dans l'entreprise familiale

## La relation famille
## et entreprise

Les éditions
TRANSCONTINENTALES inc.
1100, boul. René-Lévesque Ouest
24e étage
Montréal (Québec)
H3B 4X9
Tél. : (514) 392-9000
    1 (800) 361-5479

Fondation de l'Entrepreneurship
160, 76e Rue Est
Bureau 250
Charlesbourg (Québec)
G1H 7H6

Tél. : (418) 646-1994
    1 (800) 661-2160

La **Collection Entreprendre** est une initiative conjointe de la Fondation de l'Entrepreneurship et des éditions TRANSCONTINENTALES inc.

*Révision :*
Monique Cloutier

*Correction d'épreuves :*
Sabine Gauthier

*Photocomposition et mise en pages :*
Ateliers de typographie Collette inc.

Dépôt légal – 4e trimestre 1994
Bibliothèque nationale du Québec
Bibliothèque nationale du Canada

**ISBN 2-921030-74-8**    (Les éditions)
**ISBN 2-921681-07-2**    (La Fondation)

# METTRE DE L'ORDRE

## dans l'entreprise familiale

## La relation famille et entreprise

Yvon G. Perreault

Les éditions
TRANSCONTINENTALES inc.

Fondation de
l'Entrepreneurship

# Fondation de l'Entrepreneurship

**La Fondation de l'Entrepreneurship** œuvre au développement économique et social en préconisant la multiplication d'entreprises capables de créer de l'emploi et de favoriser la richesse collective.

Elle cherche à dépister les personnes douées pour entreprendre et encourage les entrepreneurs à progresser en facilitant leur formation par la production d'ouvrages et la tenue de colloques ou de concours.

Son action s'étend à toutes les sphères de la société de façon à promouvoir un environnement favorable à la création et à l'expansion des entreprises.

La Fondation peut s'acquitter de sa mission grâce à l'expertise et au soutien financier de quelques organismes. Elle rend un hommage particulier à ses quatre partenaires :

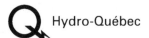

et remercie ses six premiers gouverneurs :

**Bell**

**noranda**

*À Isabelle,*
*à Nadia,*
*à Virginie.*

# REMERCIEMENTS

**N**ous remercions monsieur Gérard Limoges, président adjoint de Ernst & Young et associés et directeur général de Caron Bélanger Ernst & Young, qui a signé la préface de notre livre, et madame Monique Dubuc de la Fondation de l'Entrepreneurship, qui a signé l'avant-propos. Nous remercions également messieurs Louis-André Lacasse, médecin de famille et MBA, Michel Perreault, vice-président et administrateur chez RBC Dominion valeurs mobilières, Lucien Perron, avocat chez de Grandpré Godin, Nicolas Plourde, avocat chez Lafleur Brown, Guy Savard, président et chef de l'exploitation à la Caisse de dépôt et placement du Québec. Leurs commentaires ont permis d'ajouter à la pertinence de notre ouvrage.

Nous remercions aussi de leur disponibilité, de leur compréhension et de leurs critiques constructives nos collègues, les professeures et professeurs Line Cardinal, docteure en psychologie, Danielle Desbiens, docteure en psychologie, Jocelyn Desroches, docteur en sociologie, Carole Lamoureux, docteure en psychologie industrielle et organisationnelle, Ginette Legault, docteure en science politique, Yvan Tellier, docteur en psychologie et MBA.

Nous remercions également madame Lyne Laprise qui, encore une fois, a accepté avec empressement et compétence de dactylographier ces pages. Nous dédions notre ouvrage à tous ceux qui le liront. Nous espérons qu'ils sauront en tirer profit!

Yvon G. Perreault

# PRÉFACE

**C**aron Bélanger Ernst & Young est heureux de signer la préface du livre du docteur Yvon G. Perreault, *Mettre de l'ordre dans l'entreprise familiale : la relation famille et entreprise.*

Le tissu économique québécois est largement composé d'entrepreneurs et de familles qui ont réussi à bâtir des entreprises dont certaines ont maintenant un rayonnement mondial.

La compréhension de la dynamique famille et entreprise est au coeur des préoccupations et des recherches du docteur Perreault. Son livre reflète sa compréhension claire et sans détour de la situation qui prévaut actuellement et présente la façon de mieux y faire face pour assurer la réussite durable de ces entreprises.

M. Perreault est fort critique à l'égard des conseillers externes. Il nous met au défi de revoir notre façon de faire auprès des dirigeants d'entreprises familiales et de mettre à leur disposition des équipes multidisciplinaires. Selon l'auteur, la compréhension des besoins de nos entreprises et surtout de la famille et de l'entreprise assurera le succès des interventions internes auprès de ces organisations.

Caron Bélanger Ernst & Young tente de relever ce défi et s'emploie à revoir ses façons d'agir pour mieux répondre aux besoins de ces clients.

Bonne lecture !

Gérard A. Limoges, FCA
Président
Caron Bélanger Ernst & Young

# TABLE DES MATIÈRES

# LISTE DES TABLEAUX ET DES GRAPHIQUES

# AVANT-PROPOS

**N** ous le savons tous, la plupart des entreprises sont de type familial. *Mettre de l'ordre dans l'entreprise familiale : la relation famille et entreprise* de Yvon G. Perreault s'adresse donc à la presque totalité des dirigeants d'entreprises, de même qu'à leurs actionnaires. Ces derniers, qu'ils soient de la famille ou non, ont grand intérêt à bien comprendre la dynamique propre à ce type d'entreprise et les tiraillements susceptibles d'être causés par deux optiques aussi différentes que celle des affaires et celle de la famille.

On dit qu'une entreprise est familiale lorsqu'une famille contrôle les destinées de cette entreprise ou qu'un nombre important de ses cadres supérieurs proviennent d'une même famille. Il est facile d'imaginer la position délicate d'un dirigeant ayant à trancher une question dans laquelle l'intérêt familial est, au premier abord, plus évident que l'intérêt de l'entreprise.

L'auteur prévoit les tentations qui peuvent inciter de simples actionnaires et membres de la famille à intervenir dans le fonctionnement de l'entreprise et dans les affaires courantes. Il leur recommande de savoir contribuer sans s'immiscer. Il préconise la formation de différents comités ayant chacun un rôle précis, mais quand même reliés entre eux de façon à parvenir à une action concertée.

L'auteur, Yvon G. Perreault, est reconnu comme le spécialiste de l'entreprise familiale. Conférencier de réputation internationale, il est également un habitué de la Collection Entreprendre puisqu'on lui doit déjà *L'entreprise familiale : la relève : ça se prépare !* paru en 1992, puis réédité en 1993. L'espace manque pour l'énumération de ses 20 ouvrages et de ses multiples articles.

Cependant, cet ingénieur est avant tout professeur au Département des Sciences administratives de l'UQAM et, à ses heures de loisir, conseiller auprès des entreprises. Voilà un théoricien qui met en pratique ce qu'il enseigne. Ou serait-ce plutôt qu'il enseigne ce que sa pratique lui a révélé? Son contact étroit avec les entreprises, l'éclatement de familles entrepreneurs dont il a été témoin, les tensions internes dont il a réussi à mettre à profit les forces, voilà autant de facteurs qui l'ont conduit à écrire le présent ouvrage.

La Fondation de l'Entrepreneurship se tient constamment à l'affût des besoins les plus urgents en formation et en perfectionnement et s'efforce de recruter les meilleurs auteurs pour développer les sujets choisis. Dans sa décision de produire des sources d'information adaptées et accessibles, la Fondation garde à l'esprit les quatre clientèles cibles qu'elle a voulu s'approprier : les acteurs locaux, les formateurs, les chefs de file et les entreprises.

La Fondation, ses partenaires et ses gouverneurs sont heureux de présenter cet ouvrage de Yvon G. Perreault, sachant qu'il rejoindra une vaste clientèle et s'avérera un outil précieux dans la progression des entreprises québécoises.

Monique Dubuc
Fondation de l'Entrepreneurship

# AVIS AU LECTEUR

**N**ous ne voulons pas, d'aucune façon, rendre des services juridiques, comptables, fiscaux ou de toute nature professionnelle par la publication de notre ouvrage. Chaque situation étant particulière, il importe de consulter des experts quand vient le temps de prendre une décision.

Nous tenons à nous excuser d'avoir choisi la voie facile en n'utilisant que le masculin. Il ne faut aucunement en déduire que nous pensons que l'entrepreneurship est une affaire d'hommes. Nous savons que des femmes propriétaires dirigent 20 à 25 % des entreprises québécoises, et que dans le cas des entreprises nouvellement créées par les moins de 30 ans, cette proportion atteint de 30 à 40 %.

Nous nous sommes permis de traduire librement des extraits et des citations de langue anglaise. Nous avons toutefois cherché à respecter le message des auteurs. Les sources étant indiquées, le lecteur pourra, s'il le désire, se référer aux textes originaux.

# INTRODUCTION

# LA RANÇON SERA ÉLEVÉE ! À MOINS...

Les experts le répètent : pour exceller et réussir en affaires, il faut tout au moins deux choses. La première est de travailler fort, non seulement d'investir dans son entreprise mais de s'investir soi-même : l'effort décuplé par la passion entrepreneuriale est une condition *sine qua non* de l'excellence en affaires, disent-ils ! La seconde est de travailler bien : le succès en affaires, ajoutent les experts, est la finalité autant de la passion que de la vision et de la raison entrepreneuriales. Mais, nous le verrons, dans une relation famille et entreprise, il faut plus encore : excellence et succès en affaires doivent aussi être harmonisés avec « relève familiale ».

Joseph-Armand Bombardier aurait-il pu réussir à « bâtir » sa motoneige sans avoir été passionné, sans avoir vu loin et sans avoir rationalisé son effort ? En 1950, Pierre Péladeau empruntait 1 500 $ à sa mère. Le chiffre d'affaires de Quebecor est aujourd'hui de trois milliards de dollars. Pierre Péladeau a été passionné, il a vu loin et il a su rationaliser son effort. Il y a aussi les Bernard Lemaire, les Jean Coutu, les Paul Desmarais, les Philippe de Gaspé Beaubien, les Jean Pouliot, les Henri Audet, les Hervé Pomerleau et tant d'autres, qui ont réussi. Il y a également les nombreux entrepreneurs propriétaires de petites et moyennes entreprises qui ont su entreprendre avec passion, vision et raison.

Par ailleurs, il y a les Laurent Beaudoin, les François-Jean Coutu, les Adrien Pouliot, les Louis Audet et tous les autres, qui ont pris la relève. Il y a aussi les successeurs des propriétaires de petites et moyennes entreprises familiales dont certaines seront grandes demain. Aujourd'hui, ces successeurs doivent, à leur tour, rechercher excellence et succès en affaires. Il faut rendre hommage à ces bâtisseurs – fondateurs et successeurs – qui créent de l'emploi et qui nous font un monde meilleur.

## Excellence et succès

Convenons-en, excellence et succès en affaires peuvent être des maîtres à la fois merveilleux et redoutables. Mais certains parents-entrepreneurs y sacrifieront la cohésion, l'harmonie et la compétence du clan familial. En conséquence, la relève familiale sera mal préparée! Tel sera le prix de leur excellence et de leur succès en affaires ; telle sera la rançon à payer!

Diane Tracy écrivait (*La Pyramide du pouvoir*, InterÉditions, Paris, 1990, p. 9) :

> *[...] il nous faut comprendre les mécanismes du pouvoir. En fait, ils suivent la même dynamique que l'amour : plus on donne à l'autre, plus on reçoit en retour. Malheureusement, beaucoup de chefs agissent comme si le pouvoir était une denrée disponible en quantité limitée, comme si le partager signifiait réduire leur autorité personnelle.*

Phénomène paradoxal! Malgré les carences de cohésion, d'harmonie et de compétence (réelles ou imaginaires) des membres de la famille, le parent-entrepreneur choisira souvent de garder l'entreprise dans la famille. Peut-être aura-t-il négligé de préparer sa relève, mais il voudra laisser son entreprise – le fruit de son excellence et de son succès – à sa famille. Triste dilemme!

Peut-on remplacer l'enseignement et la communication d'un parent-entrepreneur par l'excellence et le succès en affaires ? Par une PME ? Par une grande entreprise ? Par la richesse ? Nous pouvons aisément répondre : NON ! Les malaises que l'on retrouve aujourd'hui dans plusieurs familles en affaires et dans plusieurs entreprises familiales en témoignent : des mésententes entre membres de la famille, des parents-entrepreneurs isolés, une relève trop à l'écart, des enfants qui attendent leur tour et, en conséquence, des liens de sang qui remplacent trop souvent la cohésion, l'harmonie et la compétence.

Concilier famille et entreprise n'est pas facile ! Mais si le parent-entrepreneur consacre exclusivement ses énergies à son excellence, à son succès, bref, à son entreprise, que fera-t-il au moment de la retraite, au moment de la transition du leadership, de la propriété et du contrôle de l'entreprise ? Comment pourra-t-il alors assurer la relève de son entreprise... familiale ?

## Excellence, succès... et relève familiale

Si laisser son entreprise à sa famille doit être un « geste d'affaires », c'est aussi un « geste d'affection ». Mais même l'affection ne pourra compenser une erreur d'affaires : un manque de préparation de la relève. Comment un parent-entrepreneur pourra-t-il demander à sa famille de perpétuer son excellence et son succès s'il n'a pas su les communiquer ? Comment la relève familiale pourra-t-elle alors savoir entretenir « en confiance » l'arbre qui donne le fruit ?

Nous pensons à ce père-entrepreneur qui nous racontait :

> *J'ai demandé à mon fils* (fils-employé) *de négocier une augmentation du crédit d'exploitation auprès du banquier. Le banquier a refusé. Moi, j'ai tout réglé au téléphone en cinq minutes. Mon fils a eu une leçon.*

**25**

Oui, mais quelle leçon? Il a appris à se faire refuser un emprunt. N'aurait-il pas mieux valu lui donner une bonne leçon? Celle de savoir négocier et obtenir un emprunt! Ce père-entrepreneur avait 70 ans et c'est à son fils-futur-entrepreneur qu'il veut laisser son entreprise, à ce même fils qui devra, après le départ du père-entrepreneur, savoir négocier et obtenir des emprunts sans aide!

Il ne suffit pas d'aimer ses enfants, de leur donner son nom, un bon emploi, un gros salaire ou de leur laisser l'entreprise pour en faire des entrepreneurs à succès, et, plus encore, pour qu'ils forment un clan familial fort! Le parent-entrepreneur leur demandera de savoir assumer – en groupe – carrière dans l'entreprise et leadership, propriété et contrôle. Ils devront, parce qu'ils seront nombreux, savoir communiquer et convenir d'une même vision de l'excellence et du succès d'une famille entrepreneuriale et d'une entreprise familiale. Ce que, précisément, trop de parents-entrepreneurs n'auront pas su enseigner. S'il n'est pas facile d'être un héros, il n'est pas plus facile de grandir à l'ombre d'un héros, dit-on!

De toute évidence, exceller et réussir en affaires peut avoir un prix; la rançon à payer par la famille peut être élevée! À moins que le parent-entrepreneur n'accepte de communiquer pour partager excellence, succès et relève. À moins que les membres de la famille n'acceptent aussi de communiquer pour partager excellence, succès et relève. Bref, à moins que l'on ne se reconnaisse une vocation familiale entrepreneuriale et, dans un tel cas, que l'on ne prépare véritablement la relève de l'entreprise familiale.

Comme nous le disait ce père-entrepreneur: «C'est bon d'avoir une entreprise rentable; l'argent garde les enfants en contact.» L'argent est là! Le contact est là! Il faut savoir en tirer excellence et succès... en famille ! Sinon, l'œuvre d'un parent-entrepreneur sera une œuvre inachevée, et il y aura un prix à payer. Cependant, on peut et on doit refuser de payer ! Pour la mémoire du parent-entrepreneur ! Pour la famille ! Pour les employés ! Pour la société !

## Notre ouvrage

Notre ouvrage propose des concepts et des outils pour en arriver à changer le « paradigme » actuel de la relation famille et entreprise ; le Tableau 1 présente des règles et des pratiques « malheureuses et néfastes » que ce paradigme impose. Nous suggérerons trois lieux de changement principaux : le conseil de famille (Chapitre 1), le conseil d'administration ou le comité de gestion dans le cas d'une PME (Chapitre 2) et le comité d'exploitation – la direction – (Chapitre 3). Ce sont, nous le verrons, trois groupes de tâche[1] distincts de la relation famille et entreprise. Chacun a une mission particulière (mandat, responsabilités, pouvoirs et fonctionnement).

Nos propos, vous l'aurez deviné, porteront aussi sur le changement organisationnel ; nous proposerons un cheminement à suivre et des moyens à utiliser afin de gérer un changement recherché de mission, de valeurs, de rôles, d'attitudes et de comportements (Chapitre 4). Finalement, nous parlerons de la contribution des conseillers extérieurs (Chapitre 5).

Cet ouvrage s'adresse aux parents-entrepreneurs, à leurs enfants, aux couples en affaires, aux membres des conseils d'administration ou des comités de gestion, aux dirigeants, aux conseillers extérieurs – experts-comptables, conseillers en gestion, conseillers juridiques, assureurs, psychologues, représentants d'organismes gouvernementaux ou paragouvernementaux,

---

1 L'auteur a choisi cette terminologie par opposition à groupe de travail pour mettre l'accent sur le mot tâche.

## Tableau 1

### DES RÈGLES ET DES PRATIQUES DU PARADIGME ACTUEL DE LA RELATION FAMILLE ET ENTREPRISE

La négligence :

- De créer un conseil de famille ;
- De distinguer les rôles de la famille des rôles de l'entreprise ;
- De tenir compte de la dynamique familiale ;
- De respecter la mission, la culture et les besoins de l'entreprise ;
- De créer un conseil d'administration ou un comité de gestion pouvant véritablement collaborer ;
- De connaître, de respecter et de composer avec les différences individuelles des membres de la famille ;
- De préparer la relève ;
- De communiquer et de convenir d'une vision familiale et entrepreneuriale commune ;
- De renforcer la cohésion, l'harmonie et la compétence du clan familial ;
- De planifier la carrière des membres de la famille à l'emploi de l'entreprise ;
- De planifier la transition du leadership, de la propriété et du contrôle de l'entreprise ;
- De planifier le départ et la retraite du parent-entrepreneur ;
- De considérer les filles au même titre que les garçons[2] ;
- D'informer l'investisseur et le prêteur du plan de relève ;
- Pour les conseillers extérieurs, d'apprendre à mieux jouer leur rôle dans la relation famille et entreprise.

---

2  Le lecteur intéressé par ce point pourrait consulter *L'entreprise familiale : la relève : ça se prépare !* du même auteur.

etc. –, aux prêteurs et investisseurs, aux enseignants et professeurs de gestion et à leurs étudiants.

Bref, l'ouvrage s'adresse à ce parent-entrepreneur dont la vision de son excellence et de son succès s'étend plus loin que sa propre vie, à celui qui voudra préparer la relève, et perpétuer l'entreprise dans la famille. À la relève, aussi, qui voudra «à son tour» faire de même, voire qui cherchera à... mieux faire! Il s'adresse également au conseiller extérieur qui voudra les y aider.

# CHAPITRE 1

# LE CONSEIL DE FAMILLE : BÂTIR LE CLAN FAMILIAL EN AFFAIRES !

Les forces, tout comme les faiblesses, avec lesquelles doivent composer les familles en affaires et les entreprises familiales peuvent provenir essentiellement de trois sources qu'il convient de distinguer :

- La famille ;

- L'entreprise ;

- Les interactions entre la famille et l'entreprise.

Nous parlerons plus loin de l'entreprise – du conseil d'administration et du comité d'exploitation – ; intéressons-nous pour le moment à la famille en affaires et aux interactions entre la famille et l'entreprise.

## LA FAMILLE EN AFFAIRES

Une famille en affaires, c'est d'abord une famille comme toute autre famille : un regroupement d'individus entre lesquels l'affection, la loyauté, le bien-être et l'entraide prédominent. Mais, dans une famille en affaires – celle où l'on se partage ou se partagera des droits et des devoirs envers une entreprise –, on retrouve une préoccupation additionnelle que ne vivent pas les autres familles : les affaires.

Dès lors, la dimension « affaires », c'est-à-dire l'entreprise familiale, suppose, en plus de ses rôles traditionnels, des rôles particuliers à la famille. Aussi, s'il est difficile de gérer une entreprise, il est très difficile de gérer une entreprise familiale ; en contrepartie, s'il est difficile d'être une famille forte, il est très difficile d'être une famille entrepreneuriale forte.

## Des valeurs fondamentales

La force d'une famille en affaires peut se mesurer à la cohésion, à l'harmonie et à la compétence de ses membres. Ces dernières ne sont-elles pas trois valeurs fondamentales qui soutiennent la force d'un groupe en affaires, soit-il familial ou non ? Or, ces valeurs ne sont pas des cadeaux du ciel ; aussi devront-elles être recherchées et renforcées à coup d'efforts réfléchis et soutenus... si on a reconnu ou si on reconnaît la vocation entrepreneuriale de la famille. « Nous sommes les enfants de ceux qui nous ont transmis des valeurs », a écrit un philosophe. C'est dire qu'alors l'enseignement et les agissements des parents-entrepreneurs compteront pour beaucoup !

## Des valeurs instrumentales

Mais, en pratique, que peuvent faire les parents-entrepreneurs pour favoriser la cohésion, l'harmonie et la compétence chez leurs enfants, les futurs membres d'une famille entrepreneuriale, d'un groupe en affaires ?

D'une part, l'on voudra identifier d'autres valeurs – que nous dirons instrumentales – qui appuient la cohésion, l'harmonie et la compétence – que nous avons dites fondamentales. Le Tableau 1 propose, à titre d'exemple, des valeurs instrumentales. De toute évidence, chaque famille en affaires étant particulière, autant les valeurs fondamentales et instrumentales recherchées que la priorité qui leur est donnée

pourraient varier d'une famille à l'autre selon sa condition et sa culture propre.

Tableau 1

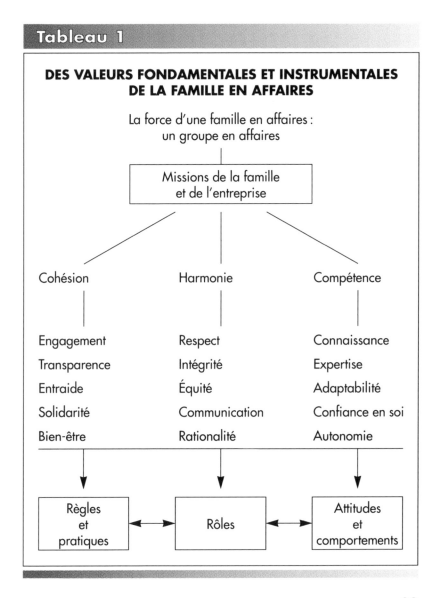

**DES VALEURS FONDAMENTALES ET INSTRUMENTALES
DE LA FAMILLE EN AFFAIRES**

La force d'une famille en affaires :
un groupe en affaires

Missions de la famille
et de l'entreprise

| Cohésion | Harmonie | Compétence |
|---|---|---|
| Engagement | Respect | Connaissance |
| Transparence | Intégrité | Expertise |
| Entraide | Équité | Adaptabilité |
| Solidarité | Communication | Confiance en soi |
| Bien-être | Rationalité | Autonomie |

| Règles et pratiques | Rôles | Attitudes et comportements |
|---|---|---|

D'autre part, la famille visera à traduire ces valeurs instrumentales en règles et en pratiques – des manières de faire – qui leur sont cohérentes et conformes et qui favorisent l'adoption de rôles, d'attitudes et de comportements (individuels et de groupe) qui leur sont aussi cohérents et conformes.

## Des règles et des pratiques

Traduire les valeurs instrumentales en règles et en pratiques, c'est décider de manières de faire – dans la famille – cohérentes et conformes à ces valeurs. Par exemple, favoriser l'engagement pourrait vouloir dire avoir du temps ensemble, tenir des rencontres en famille, amener chaque enfant à participer, à s'exprimer, etc. ; favoriser le respect pourrait vouloir dire apprendre aux enfants à connaître, à accepter et à composer avec leurs différences individuelles, à s'écouter, à décider en groupe, à régler les conflits, etc. ; favoriser la connaissance pourrait vouloir dire faire connaître les besoins de compétences de l'entreprise, inciter les enfants à se former, souligner l'existence de critères d'embauche dans l'entreprise, expliquer les exigences des affaires, de la concurrence, etc. Bref, au jour le jour, on agit, on enseigne, on aide en pensant à demain : au moment où les enfants auront un rôle actif.

## Voir loin !

John L. Ward écrivait au sujet des rencontres de famille (*Keeping the Family Business Healthy*, Jossey-Bass Publishers, San Francisco, 1987, p. 131) :

> *Bien avant que la planification formelle ne soit abordée, ces rencontres peuvent aider à éduquer et à orienter la famille par la discussion de sujets tels que la nature de l'entreprise, ses besoins de leadership, les conditions d'intégration dans l'entreprise familiale, la prise de décision et le*

*règlement de conflits. De simples conversations sur ces sujets et sur d'autres peuvent permettre d'établir une base solide qui facilitera plus tard la planification formelle en famille.*

Agir tôt dans la famille en affaires, c'est voir loin, c'est penser à la « planification formelle », c'est imaginer la relève... en action ! Ainsi, lorsqu'ils seront plus âgés, les membres de la famille sauront mieux, d'une part, convenir – en groupe – d'une vision familiale et entrepreneuriale commune et, d'autre part, enseigner à leurs propres enfants le partage de valeurs qui soutiennent la force du clan familial. De cette façon, l'on saura, de génération en génération, concilier famille et entreprise.

## LES INTERACTIONS FAMILLE ET ENTREPRISE

S'il est souhaitable de reconnaître tôt la vocation entrepreneuriale de la famille, il est tout aussi souhaitable de reconnaître tôt la vocation familiale de l'entreprise. Et, puisque les membres de la famille en affaires partagent et partageront un intérêt commun – l'entreprise familiale –, il existe et il existera des interactions entre la famille et l'entreprise. Par exemple, les parents-entrepreneurs en sont les actionnaires-dirigeants, des enfants voudront y travailler, d'autres y travaillent déjà, certains en deviendront des actionnaires-dirigeants, d'autres, des actionnaires tout court, un enfant pourrait en assumer le leadership, etc.

### Les principales interactions

Les interactions famille et entreprise peuvent être de quatre types principaux :

- Carrière dans l'entreprise (droit à l'emploi, à l'avancement et à la rémunération ; devoir de se former et d'être performant) ;

**35**

- Leadership de l'entreprise (droit à l'autorité ; devoir de savoir diriger) ;

- Propriété de l'entreprise (droit à l'enrichissement ; devoir de savoir gérer la richesse) ;

- Contrôle de l'entreprise (droit à la décision ; devoir de savoir décider).

Ces interactions famille et entreprise – carrière, leadership, propriété et contrôle – comportent des droits et des devoirs particuliers (nous en avons indiqué certains). Les membres d'une famille entrepreneuriale – les parents-entrepreneurs, les enfants, les cousins, etc. – auront intérêt à reconnaître cette réalité pour ensuite accepter de gérer (planifier, organiser, diriger et contrôler) chacune de ces interactions... en conseil de famille (nous en parlerons plus loin).

Il faudra aussi faire connaître et faire respecter la vocation familiale de l'entreprise... dans l'entreprise. Ce qui, nous le verrons, nécessitera la collaboration des administrateurs et des dirigeants, soit les membres du conseil d'administration et les membres de la direction.

## Un exemple : la carrière dans l'entreprise

Considérons, par exemple, la première de ces interactions : la carrière. Gérer la carrière des membres de la famille dans l'entreprise, c'est tout au moins répondre à ces quelques questions : Veut-on ou ne veut-on pas que l'entreprise soit familiale ? Veut-on ou ne veut-on pas que les membres de la famille fassent carrière dans l'entreprise familiale ? Dans quel but ? Quelles sont les attentes des parents-entrepreneurs ? Des autres membres de la famille ? Veulent-ils travailler dans l'entreprise ? Dans quel but ? Voudra-t-on embaucher tous les membres de la famille ? Lesquels ? Pourquoi ? Le pourra-t-on ? À quelles conditions pourront-ils intégrer l'entreprise ? Une expérience ailleurs ? Laquelle ? Pourquoi ?

Où ? Durant combien d'années ? Qu'en sera-t-il pour les conjoints ? Quels sont les besoins de l'entreprise ? Quelles compétences sont nécessaires ? Quels rôles et quels comportements sont recherchés ? À quel poste doit débuter tel ou tel membre de la famille ? Pourquoi ? Ses capacités correspondent-elles aux exigences du poste ? Évaluera-t-on le rendement des membres de la famille ? Quand ? Comment ? Quelle rétroaction leur donnera-t-on ? Quand ? Comment ? Quelles mesures adoptera-t-on ? Comment les promotions seront-elles accordées ? À quels autres postes ? Pourquoi ? À quelles conditions ? Quel cheminement sera suivi ? Que doivent apprendre les membres de la famille ? Pour en arriver où ? Quelles seront les modalités de rémunération ? Les avantages ? Les administrateurs et les dirigeants respecteront-ils la vocation familiale de l'entreprise ? Voudront-ils contribuer à la formation des membres de la famille ? Lesquels ? Comment ? Acceptera-t-on de congédier un membre de la famille ? À quelles conditions ? Qui le fera ? Quelle aide lui apportera la famille ? Ces quelques questions, et l'on pourrait en ajouter, ne démontrent-elles pas le besoin de gérer la carrière des membres de la famille dans l'entreprise ? D'établir des règles et des pratiques claires : des « manières de faire » ?

### Les autres interactions

En plus des modalités de carrière, il faudra aussi établir – en famille – les modalités de transition du leadership, de propriété et de contrôle de l'entreprise : ce qui signifie répondre à de nombreuses autres questions !

Certains parents-entrepreneurs – actionnaires de grandes entreprises publiques ou non – semblent croire que leur entreprise n'est pas familiale parce que, d'une part, les enfants n'y font pas et n'y feront pas carrière et, d'autre part, le leadership de l'entreprise sera confié à des étrangers. Mais qu'en sera-t-il de la propriété de l'entreprise? Du contrôle? De la richesse? S'ils sont gardés dans la famille, les enfants ne devront-ils pas apprendre à assumer les droits et les devoirs qui s'y rattachent? Ne faudra-t-il pas former les enfants afin qu'ils sachent gérer propriété, contrôle... et richesse? Ne faudra-t-il pas enseigner aux membres de la famille à faire face à leur avenir plutôt que de *dictate from the grave*? Bref, même dans un tel cas, ne faudra-t-il pas préparer la relève?

Joseph H. Astrachan a rencontré Howard H. Stevenson, professeur à l'Université Harvard («Preparing the Next Generation for Wealth: A Conversation with Howard H. Stevenson», *Family Business Review*, Jossey-Bass Publishers, San Francisco, printemps 1993, p. 79). Écoutons le professeur Stevenson:

> *Je suis totalement convaincu qu'il faut les* (les enfants) *former. Sinon, on leur rend un très mauvais service. Encourager le sens des responsabilités et d'initiative chez ses enfants doit être la priorité majeure.*
>
> *La formation commence dès leur jeune âge. Les enfants doivent apprendre que le travail est gratifiant, que de travailler n'est pas une malédiction. Il leur faut aussi comprendre qu'ils doivent contribuer [...] Malheureusement, le besoin des parents de contrôler la richesse déclenche souvent une dynamique familiale agressive [...] Les enfants ont besoin d'apprendre que de contribuer requiert travail, formation et découverte d'un champ d'activité qui saura les satisfaire.*

Aucun parent n'autoriserait un enfant à utiliser l'automobile familiale sans un apprentissage adéquat. Comment alors un parent-entrepreneur peut-il confier propriété, contrôle et richesse à ses enfants (et dans certains cas, carrière et leadership) sans un apprentissage pertinent? La «conduite» d'une entreprise, plus encore que celle d'une automobile, requiert des connaissances, une expertise et des habiletés particulières qui ne sont pas automatiques ou héréditaires.

Certaines interactions famille et entreprise, – notamment celles concernant la transition de la propriété et du contrôle – devront, en plus des attentes de la famille et des besoins de l'entreprise, tenir compte des aspects financiers, fiscaux et juridiques. Si, dans cet ouvrage, nous abordons les aspects humains de la relation famille et entreprise, nous n'aborderons aucun aspect technique (financier, fiscal ou juridique), ceux-ci ayant été largement discutés dans notre ouvrage précédent (*L'entreprise familiale : la relève : ça se prépare !*, Les éditions TRANSCONTINENTALES inc. et Fondation de l'Entrepreneurship, Montréal, Charlesbourg, 1993, 289 p.).

## LE CONSEIL DE FAMILLE

De toute évidence, communiquer et convenir d'une vision commune de ce que sont la vocation entrepreneuriale de la famille et la vocation familiale de l'entreprise requiert temps et lieu. Le temps, il aura fallu ou il faudra vouloir et devoir le prendre. Le lieu, ce sera le conseil de famille, lequel réunira – selon les critères d'appartenance établis – les actionnaires actuels de l'entreprise (les parents), les actionnaires entrants (les enfants), les actionnaires futurs (les cousins) et les conjoints (selon les modalités convenues). Le conseil de famille assurera l'intégration continue des membres de la famille dans le clan familial. De génération en génération ! Un « clan familial en affaires » commencera à se bâtir !

### La mission du conseil de famille

Le conseil de famille n'est pas qu'une entité sociale ; il a une mission particulière. C'est un groupe de tâche, et, à ce titre, il a une tâche précise à accomplir. Le Tableau 2

**39**

présente la mission du conseil de famille (mandat, responsabilités, pouvoirs et fonctionnement).

## Tableau 2

### LA MISSION DU CONSEIL DE FAMILLE

En accord avec les devoirs que lui imposent les membres du clan familial :

- **Son mandat :**
  - Assurer la valorisation et la défense des intérêts de la famille.

- **Ses responsabilités :**
  - Soutenir et promouvoir la force du clan familial ;
  - S'assurer de la saine administration de l'entreprise ;
  - Gérer les interactions entre la famille et l'entreprise ;
  - Perpétuer le leadership et garder la propriété et le contrôle de l'entreprise dans la famille.

- **Ses pouvoirs :**
  - Définir le mandat du conseil de famille ;
  - Définir les responsabilités du conseil de famille ;
  - Définir les pouvoirs du conseil de famille ;
  - Définir le fonctionnement du conseil de famille ;
  - Définir la mission de la famille ;
  - Reconnaître la mission de l'entreprise ;
  - Identifier les valeurs recherchées ;
  - Assurer le respect des rôles distincts de la famille et de l'entreprise ;
  - Identifier les comportements recherchés ;
  - Favoriser le développement des membres ;
  - Assurer le respect de la vie privée des membres ;
  - Assurer le règlement des conflits ;
  - Définir et appliquer les modalités de discipline ;
  - Assurer la gestion des interactions entre la famille et l'entreprise ;
  - Définir les modalités de préparation de la relève ;
  - Définir le mandat particulier du conseil d'administration ;

- Définir les responsabilités particulières du conseil d'administration ;
- Définir les pouvoirs particuliers du conseil d'administration ;
- Définir les modalités particulières du fonctionnement du conseil d'administration ;
- Définir le mandat particulier du comité d'exploitation de l'entreprise ;
- Définir les responsabilités particulières du comité d'exploitation de l'entreprise ;
- Définir les pouvoirs particuliers du comité d'exploitation de l'entreprise ;
- Définir les modalités particulières du fonctionnement du comité d'exploitation de l'entreprise ;
- Définir les modalités de transition du leadership, de la propriété et du contrôle ;
- Définir les modalités d'aide particulière aux membres ;
- Définir le rôle social de la famille et de l'entreprise ;
- Déterminer toute autre responsabilité jugée nécessaire ou requise par les membres du clan familial.

• **Son fonctionnement :**
- Respecter la convention ou la constitution familiale ;
- Respecter la convention d'actionnaires ;
- Définir les fonctions du président et du secrétaire ;
- Obtenir toute information jugée pertinente ;
- Établir l'échéancier des rencontres ;
- Établir l'ordre du jour des rencontres ;
- Établir toute autre règle et pratique de fonctionnement jugées nécessaires ou requises par les membres du clan familial.

En fait, tout conseil de famille ne pourra être performant et atteindre sa mission que si :

• Premièrement, on le crée ;

• Deuxièmement, les membres connaissent, acceptent et respectent sa mission ;

- Troisièmement, le clan familial en arrive à partager une vision familiale et entrepreneuriale commune, à convenir de règles et de pratiques, à les respecter et à les faire respecter ;

- Quatrièmement, chaque membre accepte son rôle, et adopte des attitudes et des comportements cohérents et conformes à la mission du conseil de famille et aux valeurs recherchées dans le groupe.

Dans leur démarche, les membres du clan familial en affaires devront accepter de se faire aider. Par exemple, l'on pourra demander à tel dirigeant de conseiller tel enfant dans sa carrière, à un autre d'évaluer le rendement de ce dernier, à un conseiller d'agir à titre de «facilitateur», etc. Les dirigeants pourront ainsi contribuer à former un candidat potentiel au poste de «grand patron», «leur grand patron». Nous le verrons, les membres du conseil d'administration pourront apporter leur contribution tout autant.

Il faut le reconnaître : le défi est de taille ! Mais il n'existe aucune autre avenue «intelligente» pour en arriver à bâtir un clan familial en affaires fort. Le conseil de famille est à la fois le point de départ et le point d'arrivée d'une relation famille et entreprise qui durera... de génération en génération. Le conseil de famille réunit des personnes différentes – bien que parentes – qui doivent partager une vision commune de la vocation entrepreneuriale de la famille et de la vocation familiale de l'entreprise. Ils devront communiquer, convenir, décider et agir en groupe de tâche. Aussi, auront-ils dû apprendre ou, si ce n'est déjà fait, devront-ils apprendre à connaître, à accepter et à composer avec leurs différences individuelles.

## Les différences individuelles : des styles différents !

Un conseil de famille, comme tout groupe de tâche, est composé de membres ayant chacun ses caractéristiques propres. Pour être performant dans sa mission, chaque groupe doit, tout au moins, connaître, accepter, voire composer avec les forces et les faiblesses des membres. Car, il faut le souligner, la maturité individuelle de personnes réunies en groupe n'est pas une assurance de la maturité du groupe... en tant que groupe !

Les différences individuelles peuvent s'exprimer par des styles différents chez les individus. Ces styles influencent la communication et la compréhension entre les membres d'un groupe – soient-ils parents ou non – comme d'ailleurs entre les individus en général. À titre d'exemple, examinons les styles de décision.

Les docteurs Paul et Pat Frishkoff ont identifié les caractéristiques de quatre styles de décision (« Knowing Yourself, Understanding Others », *Family Business Forum News*, The University of Texas, El Paso, novembre 1993, p. 8). Nous nous sommes très largement inspiré de leur texte pour décrire les valeurs, les attitudes, les besoins et les comportements des personnes selon chaque style ; le Tableau 3 les montre.

Ainsi, chaque individu possède un style de décision qui lui est propre. Les styles de décision expliquent en partie pourquoi chacun des membres d'un groupe adopte des comportements caractéristiques : l'un s'intéressera surtout aux résultats, l'autre cherchera surtout à être bien vu par le groupe, celui-ci agira par amitié envers tel ou tel membre, celui-là s'appliquera à bien faire la tâche confiée au groupe, etc. Somme toute, la démarche décisionnelle et la décision de chacun est le reflet de ce qu'il est et de ce qu'il veut être, le reflet d'un être humain – un preneur de décision – qui doit aujourd'hui décider et qui devra vivre demain avec sa décision.

**Tableau 3**

## QUATRE STYLES DE DÉCISION

| | Contrôleur | Promoteur | Supporteur | Analyste |
|---|---|---|---|---|
| • **Valeurs** | • Résultats<br>• Compétence | • Appartenance<br>• Attention | • Amitié<br>• Image de soi | • Bien faire<br>• Travail |
| • **Attitudes** | • Dominante<br>• Formelle | • Dominante<br>• Informelle | • Moins dominante<br>• Informelle | • Moins dominante<br>• Formelle |
| • **Besoins** | • Améliorer les façons de faire<br>• Épargner du temps<br>• Gagner<br>• Atteindre les objectifs | • Développer de nouveaux projets<br>• Avoir une vision, une mission<br>• Rechercher le plaisir, l'aventure<br>• Réunir les gens | • Améliorer les relations<br>• Favoriser la justice et l'équité<br>• Avoir du temps pour la famille, les amis<br>• Favoriser le travail d'équipe | • Améliorer les règles actuelles<br>• Procéder étape par étape<br>• Favoriser les méthodes<br>• Réduire les erreurs |

| • **Comportements** | | | |
|---|---|---|---|
| • Occupé, pas de bavardage | • Exprime des idées incomplètes | • A besoin de bavarder | • N'aime pas être coincé |
| • Recherche le pouvoir de décision | • Peut être excentrique | • Agit avec indécision, prudence | • Peut être gêné, introverti |
| • Désire compétitionner, débattre | • Recherche les applaudissements | • Peut privilégier la famille | • Peut poser des questions pièges |
| • Montre sa compétence | • Manque de structure | • Aime être apprécié | • Peut aimer le travail solitaire |

Source : *Family Business Forum News*, novembre 1993, p. 8.

Plus encore! Il n'y a pas que le style de décision qui peut différer d'un individu à un autre; il y a le leadership, la communication, l'apprentissage; certains individus ont un style visuel, d'autres, un style auditif, etc. Nous le verrons, il y a aussi des façons différentes de quitter l'entreprise chez les dirigeants (nous en parlerons plus loin). Bref, les façons de faire et les styles varient d'un individu à un autre parce que chaque individu est unique : chacun possède une constellation propre de valeurs, d'attitudes, d'intérêts, d'attentes, de besoins, de formation, d'expérience, de talents, de qualités, etc.

## Dans la relation famille et entreprise

Dans la relation famille et entreprise, lorsque des membres de la famille travaillent ensemble dans une seule et même entreprise (carrière et leadership), ou qu'ils possèdent ou posséderont ensemble une seule et même entreprise (propriété et contrôle), n'importe-t-il pas que chacun connaisse ses caractéristiques individuelles? Que chacun découvre ses forces et ses faiblesses? Que chacun sache exploiter ses forces et remédier à ses faiblesses? N'importe-t-il pas aussi que chacun connaisse et accepte les différences individuelles des autres membres du groupe? Qu'en groupe, l'on sache composer avec les forces et les faiblesses? Bref, que l'on sache se renforcer mutuellement?

Et cela s'avère encore plus essentiel dans une relation famille et entreprise : d'une part, les membres d'une famille ne sont pas choisis; d'autre part, les membres de la famille en affaires doivent respecter les exigences des rôles particuliers – membre d'un conseil de famille, membre d'un conseil d'administration, membre d'un comité d'exploitation – en plus de celles des nombreux autres rôles de tous les jours – parent, patron, entrepreneur, conjoint, enfant, sœur, frère, héritier, employé, dirigeant, collègue, actionnaire, successeur, président, secrétaire, etc. Or, concilier ces rôles demande des ajustements plus complexes que ceux qu'exige une famille non entrepreneuriale et une entreprise non familiale !

Mais, trop souvent, l'on n'a pas appris et l'on n'apprend pas à connaître les « différences individuelles » des membres de la famille, à les accepter et à composer avec elles dans un tel double contexte. Rarement la relation famille et entreprise tient véritablement compte d'un tel besoin particulier pourtant évident. Malheureusement, si l'on investit beaucoup d'énergies et de ressources à effectuer une bonne transition technique de l'entreprise familiale – financière, fiscale et juridique –, rarement investit-on des énergies et des ressources à effectuer une bonne transition « humaine » de l'entreprise familiale. En d'autres mots, à préparer la relève à l'avenir qu'on voudra lui laisser : être un groupe en affaires.

## LA CONVENTION OU LA CONSTITUTION FAMILIALE

Posséder une entreprise et la garder dans la famille, c'est demander à la famille d'ajouter un rôle économique – les affaires – au rôle social qu'on lui a traditionnellement et culturellement attribué. Alvin Toffler cite les propos de Syed Mumtaz Saeed, un expert en management pakistanais (*Les nouveaux pouvoirs*, Fayard, Paris, 1991, p. 232) :

> *La déshumanisation qui a caractérisé l'ère industrielle en Occident est venue de ce qu'on a relégué la famille à un rôle purement social et non économique.*

Les membres de la famille en affaires auront dû, nous l'avons vu, reconnaître que la force entrepreneuriale de la famille est tout au moins à la mesure de la

**47**

cohésion, de l'harmonie et de la compétence de ces derniers. Ce sont des valeurs fondamentales pour un clan familial en affaires qui veut réaliser sa mission particulière. Et, nous le savons, ces valeurs fondamentales s'appuient sur des valeurs instrumentales.

Les membres du clan familial en affaires doivent donc convenir – en conseil de famille – des modalités de carrière, de transition du leadership, de propriété et de contrôle (et ce, même si l'on décidait que les membres de la famille ne feront pas carrière dans l'entreprise, car une telle décision est en soi une règle qui mérite d'être expliquée, comprise et acceptée). C'est alors que les bienfaits de la cohésion, de l'harmonie et de la compétence des membres de la famille favoriseront la démarche. La récolte des bienfaits sera abondante si ces valeurs ont été hier recherchées dans la famille et sont aujourd'hui partagées par ses membres : l'on voudra et l'on saura communiquer et s'entendre !

Les règles et les pratiques familiales et entrepreneuriales devront être cohérentes et conformes à la mission de la famille, à la mission de l'entreprise, aux valeurs et aux rôles recherchés ; elles devront aussi être consignées dans une convention ou une constitution familiale. Le Tableau 4 en résume les principaux thèmes.

Il est clair, par ailleurs, qu'établir une convention ou une constitution familiale, c'est établir sa vision familiale et entrepreneuriale. Donc, le contenu de cette convention devra correspondre à la spécificité de chaque clan familial en affaires et de chaque entreprise familiale, bref, de chaque relation famille et entreprise.

## Convention ou constitution ?

Si les membres du clan familial le souhaitent et qu'ils peuvent communiquer afin de convenir d'une vision

## Tableau 4

### LA CONVENTION OU LA CONSTITUTION FAMILIALE

- Conseil de famille :
  - Mandat
  - Responsabilités
  - Pouvoirs
  - Fonctionnement
- Force du clan familial :
  - Mission de la famille
  - Mission de l'entreprise
  - Valeurs recherchées
  - Distinction entre les rôles de la famille et les rôles de l'entreprise :
    - Rôles de la famille
    - Rôles de l'entreprise
  - Comportements recherchés :
    - Style de communication
    - Connaissance, respect et synergie des différences individuelles
    - Respect de la vie privée des membres
  - Processus décisionnel
  - Mode de règlement des conflits :
    - Entre générations
    - Intergénération
  - Modalités de discipline
  - Interactions entre la famille et l'entreprise :
    - Convention d'actionnaires
    - Modalités d'intégration, de promotion, de départ et de congédiement des membres de la famille
    - Modalités de l'évaluation du rendement des membres de la famille
    - Modalités de rémunération des membres de la famille
    - Modalités de partage des profits
  - Conseil d'administration ou comité de gestion :
    - Mandat particulier
    - Responsabilités particulières
    - Pouvoirs particuliers

## Tableau 4 (suite)

- ○ Fonctionnement particulier
- – Comité d'exploitation :
- ○ Mandat particulier
- ○ Responsabilités particulières
- ○ Pouvoirs particuliers
- ○ Fonctionnement particulier

- Perpétuation de l'entreprise dans la famille :
  - – Préparation de la relève :
    - ○ Modalités d'intégration au conseil de famille
    - ○ Mission de la relève
    - ○ Plan de carrière et de développement des membres de la famille
  - – Transition du leadership, de la propriété et du contrôle :
    - ○ Critères de sélection du successeur
    - ○ Modalités de transition du leadership, de la propriété et du contrôle

- Aide particulière aux membres de la famille :
  - – Formation
  - – Assistance spécialisée
  - – Projets privés, etc.

- Autres :
  - – Contribution à la société
  - – Fondation humanitaire, etc.

familiale et entrepreneuriale commune – approche participative –, on parlerait alors de convention familiale. Si, par ailleurs, la vision est imposée par une autorité investie de pouvoir (par exemple, un parent-entrepreneur) – approche directive –, on parlerait alors de constitution familiale.

Cependant, imposer une constitution familiale ne signifie pas qu'elle sera automatiquement reconnue, acceptée et partagée par les membres de la famille à qui on l'aura imposée. Benjamin Benson, Edwin T. Crego et Ronald H. Drucker écrivaient (*Your Family Business*, Richard D. Irwin Inc., Homewood, 1990, p. 50) :

> *Les chances de mésententes sont de beaucoup réduites quand les règles sont claires, et les règles sont mieux respectées quand elles ont été établies par consensus plutôt que par décret.*

Par ailleurs, nous le verrons, si le « décret » est accompagné d'un véritable transfert de connaissances (formation des membres du clan familial et information), ceux-ci pourraient alors consentir à changer certaines manières de se comporter : accepter des rôles, et adopter des attitudes et des comportements individuels et de groupe en accord avec les exigences de la constitution familiale. Dans un tel cas, la constitution familiale deviendrait une convention familiale.

## EN CONCLUSION

La convention ou la constitution familiale établit ce que l'on veut que soit son clan familial en affaires, ce que l'on veut que soit son entreprise familiale, et ce que l'on veut que soient les interactions entre son clan familial et son entreprise familiale. Établir une convention familiale, c'est traduire, à titre d'actionnaires actuels et futurs d'une entreprise réunis en conseil de famille, la vision familiale et entrepreneuriale du groupe en règles et en pratiques cohérentes et conformes à la mission de la famille, à la mission de l'entreprise, aux valeurs et aux rôles recherchés.

Seul un clan familial structuré saura soutenir et promouvoir sa force, s'assurer de la saine administration de l'entreprise, gérer les interactions entre la famille et l'entreprise, et perpétuer le leadership, la propriété et le contrôle de l'entreprise dans la famille... de génération en génération. Cependant, bâtir un clan familial en affaires qui soit fort implique que ses membres communiquent et s'entendent. Pour ce faire, il faut un lieu.

Un conseil de famille est ce lieu de changement ; il permet de structurer la démarche. En effet, il donne la possibilité, dans un premier temps, de travailler à l'établissement d'une vision familiale et entrepreneuriale commune et, dans un deuxième temps, de l'enseigner et de la renouveler, de respecter, et de faire respecter les règles et les pratiques convenues. Des traditions familiales et entrepreneuriales viendront de naître !

De toute évidence, seuls des parents-entrepreneurs qui voient au-delà de leur propre vie accepteront de préparer leur relève et, pour ce faire, de créer un conseil de famille. Seuls des enfants qui s'engagent à continuer l'œuvre de leurs prédécesseurs et qui, à leur tour, sauront transmettre l'entreprise familiale à leurs descendants sont une relève... familiale. Mais, malgré les efforts et les énergies qu'il faut y mettre, certains ont su, savent et sauront y parvenir !

# CHAPITRE 2

# LE CONSEIL D'ADMINISTRATION OU LE COMITÉ DE GESTION : REVITALISER SA MISSION !

**Q**u'une entreprise soit familiale ou non, publique ou non, un conseil d'administration peut contribuer à sa performance et à sa permanence : il suffit simplement que ce dernier se reconnaisse une mission (mandat, responsabilités, pouvoirs et fonctionnement) qui corresponde à son rôle de « contrepoids » face à la direction de l'entreprise. Rudy Le Cours citait les propos de Serge Rémillard de la Caisse de dépôt et placement du Québec (« Les membres de CA (conseils d'administration) ne doivent pas être des béni-oui-oui », journal *La Presse*, Montréal, 17 février 1994) :

> *Les conseils d'administration ne doivent plus cautionner les décisions des dirigeants comme des actes de foi. Le conseil d'administration doit être un contrepoids véritable face à la direction et apporter un appui plus constructif.*

Rudy Le Cours écrivait aussi (« Les CA devraient être plus sévères, croient des sages », journal *La Presse*, Montréal, 17 mai 1994) :

> *Ayant trop souvent fait la preuve de leur ineffi-cacité, voire de leur impuissance devant le mana-gement, les membres des conseils d'administra-tion devront resserrer leur contrôle sur la direction des entreprises, suggère un comité des sages mis sur pied par la Bourse de Toronto* (le lecteur pourra consulter : «Where Were The Directors ?», *Bourse de Toronto*, Toronto, mai 1994, 66 p.).

Trop souvent, le conseil d'administration n'est qu'une entité juridique, dont la contribution tient sur-tout à l'image qu'il dégage ; rarement est-il une véritable entité décisionnelle, une véritable entité administrative. Pour s'en convaincre, on n'a qu'à consulter la documen-tation sur le sujet : elle émane surtout de gens de loi et trop peu d'experts en gestion.

Quoi qu'il en soit, notre intérêt n'est aucunement juridique ; nous cherchons à démontrer qu'un conseil d'administration pourrait et devrait faire plus et mieux et, pour ce faire, qu'il suffirait que les administrateurs en décident ainsi. Nous le verrons, le conseil d'admi-nistration d'une entreprise familiale pourrait et devrait aussi contribuer davantage... au respect de la vocation familiale de l'entreprise.

## LA SITUATION ACTUELLE

Le conseil d'administration doit être plus qu'une structure juridique ; il doit être un groupe de tâche : il a une tâche précise à accomplir. La loi (provinciale et fédérale) définit ce que doit être et ce que doit faire un conseil d'administration. Le Tableau 1 résume sa mis-sion (mandat, responsabilités, pouvoirs et fonctionne-ment), et ce, selon les dispositions de la loi provinciale (la loi fédérale reprend essentiellement les mêmes points mais de façon moins explicite).

## Tableau 1

### LA MISSION DU CONSEIL D'ADMINISTRATION SELON LA LOI PROVINCIALE

En accord avec les devoirs que lui impose la loi :

- Son mandat :
  - Assurer la valorisation et la défense des intérêts de l'entreprise.

- Ses responsabilités :
  - Agir à titre de mandataire de l'entreprise ;
  - Administrer les affaires de l'entreprise ;
  - S'assurer de la bonne conduite des affaires de l'entreprise.

- Ses pouvoirs :
  - Faire des résolutions et des règlements ;
  - Nommer et destituer les agents, officiers et employés de l'entreprise ;
  - Définir les fonctions, devoirs et rémunération des agents, officiers et employés de l'entreprise ;
  - Assurer le maintien du capital-actions émis et émettre des actions ;
  - Déterminer l'époque et le lieu des assemblées annuelles de l'entreprise ;
  - Convoquer les assemblées ordinaires et extraordinaires du conseil d'administration ;
  - Déclarer et payer des dividendes.

- Son fonctionnement :
  - Respecter les dispositions de l'acte constitutif et de la convention d'actionnaires ;
  - Établir le nombre des administrateurs, la durée de leur charge et leur rémunération sujet à ratification par les actionnaires ;
  - Fixer le quorum et la procédure des assemblées ;
  - Déléguer certaines responsabilités et certains pouvoirs à un ou à des comités du conseil d'administration.

La loi, bien qu'il puisse être souhaitable qu'elle soit plus précise, définit adéquatement la mission du conseil d'administration. Cependant, les malaises qui existent actuellement découlent surtout, d'une part, du respect minimal des devoirs que la loi impose et, d'autre part, de la confusion entre la mission du conseil d'administration et celle de la direction.

## Le respect minimal des devoirs

Il nous apparaît clair que des mots tels que «mandataire», «administrer», «conduite des affaires» sont, en général, interprétés et appliqués par les administrateurs dans un sens trop restrictif. De tels mots invitent pourtant à une responsabilisation, à une «empouvoirisation» totale et entière. La régie corporative ou d'entreprise, comme le disent les experts, peut-elle être efficace et efficiente si l'on s'en tient au strict minimum?

Par exemple, nommer et destituer les agents, officiers et employés de l'entreprise et définir leurs fonctions, devoirs et rémunération requiert, de toute évidence, l'évaluation de l'information pertinente (définitions de fonctions, curriculum vitae, plans de rémunération, attentes, rendement, etc.). Or, en présumant que cette information soit accessible aux administrateurs – ce qui n'est pas toujours le cas –, ils osent rarement questionner le chef de l'exploitation sur un sujet aussi délicat. Dans l'état actuel des choses, si certains osaient, ils pourraient se voir rapidement rappelés à l'ordre!

En conséquence, un conseil d'administration se limite-t-il souvent à approuver, sans véritable questionnement, les résolutions qui lui sont soumises par la direction. Dans de nombreux autres cas, des conseillers juridiques écriront les procès-verbaux de réunions qu'on aurait dû tenir.

## La confusion des missions

Il arrive fréquemment que les postes de président du conseil d'administration et de chef de l'exploitation d'une entreprise soient cumulés par une seule et même personne. Par ailleurs, dans une entreprise familiale – si la transition du leadership a eu lieu –, un parent-entrepreneur peut occuper le poste de président du conseil d'administration et un enfant-successeur, celui de chef de l'exploitation. Dès lors, dans ces deux cas, la mission du conseil d'administration et celle de la direction pourraient être confuses, mal distinguées.

Il nous semble alors évident que la présence au conseil d'administration de personnes actives, compétentes, indépendantes et conscientes de l'importance de leur rôle pourrait aider à assurer, d'une part, que le conseil d'administration et la direction de l'entreprise reconnaissent et atteignent leur mission propre et, d'autre part, que le parent-entrepreneur – le président du conseil d'administration – ne soit ni trop exigeant ni trop conciliant face à l'enfant-successeur – le chef de l'exploitation –, donc face à la direction. Mais l'on accepte trop rarement, dans ces cas comme dans d'autres, de responsabiliser les administrateurs, voire de respecter leur liberté d'action.

## FAIRE PLUS ET MIEUX !

En fait, tout conseil d'administration peut revitaliser sa mission et contribuer véritablement à l'essor d'une entreprise : il suffit tout simplement que les administrateurs élargissent, détaillent et précisent le sens qu'ils donnent aux mots « mandataire », « administrer » et « conduite des affaires ».

Par exemple, les administrateurs pourraient convenir d'abord qu'un mandataire a droit à toute information concernant la gestion passée, présente et future (prévue) de l'entreprise et concernant l'utilisation qu'on a faite, qu'on fait et qu'on prévoit faire de ses ressources humaines, financières et physiques. Ils peuvent convenir aussi du fait qu'administrer (« gérer en faisant valoir, en défendant les intérêts », dictionnaire *Petit Robert*), c'est planifier, organiser, diriger et contrôler, et qu'en ce sens, un mandataire se doit d'avoir pu évaluer et approuver,... avant de décider, toute information pertinente concernant la planification, l'organisation, la direction et le contrôle de l'entreprise. Ensuite, que la conduite des affaires inclut autant la connaissance de la fin (les objectifs visés) que le choix des moyens (le plan stratégique), et autant la permanence (la préparation de la relève et la transition du leadership) que la performance (la rentabilité, l'autonomie financière et la croissance) de l'entreprise.

Tout conseil d'administration dispose déjà du pouvoir de revitaliser sa mission. En fait, il suffirait « simplement » que les administrateurs en décident ainsi ! Et, si nécessaire, qu'ils fassent des résolutions ou, s'il y a lieu, des règlements en ce sens. Il va sans dire que les actionnaires devront, dans le cas de règlements, ratifier ces derniers, ce qu'ils feront probablement avec empressement et soulagement !

## Des administrateurs compétents et actifs

Comment un conseil d'administration peut-il s'assurer sans questionnement pertinent, donc sans information pertinente, que la direction planifie, organise, dirige et contrôle avec efficacité et efficience ? Le Tableau 2 propose quelques bonnes questions qu'un administrateur pourrait poser à la direction afin d'évaluer son poids tout en étant un contrepoids. Si la direction ne peut ou ne veut pas répondre, le conseil d'administration comprendra qu'il lui faut alors redresser la situation et agir en véritable contrepoids.

## Tableau 2

### QUELQUES BONNES QUESTIONS

- **Planification :**
  - Quelles sont les tendances de la demande ? En tient-on compte ?
  - Qui sont les principaux concurrents ? Quelles sont les forces et les faiblesses de chacun ? Quel impact aura tel ou tel geste d'un concurrent ?
  - Quelles opportunités et quelles menaces entrevoit-on ? Quel est le plan stratégique de l'entreprise ?
  - Telle ou telle décision peut-elle affecter la force concurrentielle de l'entreprise ? Sa rentabilité ? Sa croissance ? Sa permanence ?
  - Selon quelles hypothèses a-t-on établi les prévisions financières ?
  - Peut-on rencontrer tel ou tel expert ? Tel ou tel dirigeant ? Etc.

- **Organisation :**
  - Quelles sont les valeurs recherchées dans l'entreprise ? Appuient-elles la stratégie concurrentielle ?
  - Quelles sont les politiques actuelles (marketing, ressources humaines, production et finances) ? Sont-elles cohérentes et conformes à la mission et aux valeurs recherchées ?
  - Doit-on couper les dépenses ? Où ? Quand ? Comment ? Combien ?
  - Peut-on tirer avantage de telle ou telle nouvelle technologie ?
  - Quels changements organisationnels (humains, financiers et physiques) prévoit-on implanter ? Pourquoi ? Où ? Quand ? Comment ?
  - Quelles sont les polices d'assurances ? Suffisent-elles ? Etc.

- **Direction :**
  - Quel est le style de direction du chef de l'exploitation (ou du directeur général dans une PME) ?
  - Quel est le climat de travail ? Quel est le taux d'absentéisme ? D'accidents au travail ? De départs volontaires ? De congédiements ?

## Tableau 2 (suite)

- Tel ou tel dirigeant a-t-il un bon rendement ?
- Les employés connaissent-ils la mission de l'entreprise ? Sont-ils suffisamment responsabilisés ?
- Prend-on trop de risques ? Recherche-t-on la croissance au détriment de la rentabilité ? Est-on vulnérable ? À quoi ? Que peut-on faire ?
- Comment le chef de l'exploitation ou le directeur général quittera-t-il l'entreprise ? Comment peut-on aider ? Que doit-on faire ? Etc.

- **Contrôle :**
  - Quels sont les litiges actuels ? Prévus ? Quelle approche adoptera-t-on ?
  - Quelle influence aura l'évolution de l'environnement (demande et concurrence) sur le positionnement stratégique de l'entreprise ?
  - Doit-on favoriser davantage la recherche et le développement ?
  - Quel est le coût du capital de l'entreprise ? Quelle a été son évolution ? Quelles sont ses tendances ? Comment s'y compare le profit ?
  - Quel est le taux d'endettement de l'entreprise ? Quelle a été son évolution ? Quelles sont ses tendances ?
  - A-t-on perdu des clients importants ? Lesquels ? Pourquoi ?
  - La performance de l'entreprise est-elle adéquate ? Comment se compare-t-elle aux prévisions ? Au secteur d'affaires ? Peut-on l'améliorer ? Qui sont les empêcheurs et quels sont les empêchements ?
  - L'entreprise remplit-elle son rôle social ? Que fait-on ?
  - Quels autres renseignements peut-on nous fournir ? Etc.

Cependant, contrepoids ne doit pas signifier « poids contre ». L'apport des administrateurs doit être constructif : un véritable conseil d'administration écoutera, questionnera et aidera le chef de l'exploitation. De véritables administrateurs sauront contribuer par leurs connaissances, leur expertise et leurs habiletés à améliorer autant la planification, l'organisation, la direction que le contrôle de l'entreprise, à assurer sa performance et sa permanence, bref, ils sauront valoriser et défendre les intérêts de l'entreprise. Ce qui, on le sait, est le véritable mandat d'un conseil d'administration !

Dès lors, être un administrateur – membre d'un véritable conseil d'administration – nécessite des connaissances, une expertise et des habiletés de gestion. Peut-être faut-il, pour que le conseil d'administration soit une véritable entité administrative, qu'on y retrouve plus d'experts en gestion, plus d'entrepreneurs à succès, plus de dirigeants d'entreprises, plus d'universitaires ?

## Des actionnaires concernés et actifs

Quoi qu'il en soit, si le conseil d'administration refuse de jouer activement son rôle, des actionnaires – ils ont aussi un rôle, des droits et des devoirs – pourraient, eux, décider de le faire. Valérie Beauregard écrivait (« Les chiens de garde des conseils d'administration montrent les dents », journal *La Presse*, Montréal, 20 avril 1994) :

> *Chaque année, le California Public Employees Retirement System, une caisse de retraite de 80 milliards US mieux connue sous son acronyme CalPERS, épingle la direction* (le conseil d'administration) *d'entreprises qu'elle juge inefficaces [...] CalPERS envoie des lettres à la direction des entreprises concernées dans lesquelles elle dresse la liste des problèmes qu'elle veut voir corriger. [...] Les 42 compagnies qui ont depuis 1987 été visées par la stratégie de CalPERS ont battu l'indice Standard & Poors 500 de 41,3 pour cent, sur la période de cinq ans qui a suivi l'intervention, ou 7,2 pour cent par année. Cinq ans avant l'intervention de la caisse californienne, ces mêmes*

*compagnies avaient enregistré, en moyenne, un rendement de 66,4 pour cent inférieur à celui du S & P 500* (le lecteur pourra consulter: « Long-Term Rewards from Shareholder Activism: A Study of the CalPERS Effect », *The Continental Bank Journal of Applied Corporate Finance*, Stern Stewart Management Services Inc., New York, hiver 1994, 66 p.).

C'est dire qu'il y a place pour l'amélioration, que l'on peut et qu'il faut revitaliser la mission du conseil d'administration! C'est dire aussi que la résistance au changement est grande et que, malheureusement, le conseil d'administration ne semble souvent vouloir jouer son rôle de véritable contrepoids... que si l'on y « contraint» les administrateurs.

Donald H. Thain et Richard L. Goldthorpe écrivaient (« Turnaround Management: How To Do It », *Business Quarterly*, School of Business Administration, The University of Western Ontario, London, février 1990, p. 39):

> *Les signaux usuels et importants du déclin* (d'une entreprise) *sont des résultats qui n'atteignent pas les prévisions, une marge de profit trop faible par rapport au coût du capital, une baisse de liquidités ou de capacité de financement, une perte de clients importants, une diminution de la force concurrentielle, une faible productivité ou une perte de productivité, des installations ou une technologie désuètes, une perte de la confiance organisationnelle, etc. Comme le disait un dirigeant:* « *Personne ne demeure indéfiniment au sommet – quelquefois, un coup de pied au cul est le meilleur moyen de favoriser le changement, non seulement dans le personnel mais aussi dans les attitudes.* »

Peut-être faut-il que les entrepreneurs, les administrateurs et les actionnaires cessent de voir le conseil d'administration comme une entité juridique afin que leurs attitudes et leurs comportements changent, afin que chacun considère et remplisse son rôle de façon active plutôt que passive ?

## SAVOIR CONTRIBUER SANS S'IMMISCER !

Le conseil d'administration et la direction d'une entreprise doivent respecter leur mission réciproque. La direction doit éviter d'imposer ses volontés, et le conseil d'administration, de s'immiscer dans les activités d'exploitation sans pour autant abandonner ses devoirs.

En effet, la mission de la direction et celle du conseil d'administration sont distinctes quoique interreliées ; la ligne de démarcation peut être mince mais elle existe. La direction propose et le conseil d'administration évalue et décide ; l'une met en oeuvre et l'autre surveille ; l'une pose des gestes d'action et l'autre s'assure de l'efficacité et de l'efficience des gestes posés et à poser. Afin de mieux prendre conscience de la mission propre à chacun, peut-être faut-il carrément considérer un conseil d'administration comme un patron, et une direction, comme des employés ?

## UN VÉRITABLE CONSEIL D'ADMINISTRATION : DES AVANTAGES

Élargir, détailler et préciser la mission d'un conseil d'administration peut être contraignant mais, en contrepartie, combien avantageux. D'une part, le conseil d'administration s'attendra à être informé avant de décider et, d'autre part, la direction de l'entreprise devra avoir produit et évalué l'information avant de la transmettre. L'administration et la gestion de l'entreprise n'en seront-elles pas déjà d'autant améliorées ?

CalPERS en a fait la preuve ! La revitalisation du conseil d'administration aboutit à de nombreux avantages pour l'entreprise, dont l'ensemble des actionnaires profitera. Plus encore, Valérie Beauregard le souligne, CalPERS a pris des initiatives plus sévères au cours des dernières années et les résultats obtenus n'en furent que meilleurs. Est-il nécessaire d'en dire plus sur les avantages ?

Mais, à bien y penser, si la revitalisation du conseil d'administration entraîne la revitalisation de l'entreprise, ne peut-on pas faire l'hypothèse que la revitalisation de nos entreprises pourrait entraîner la revitalisation de notre économie, tant sur le plan régional, national, qu'international ? Le secret de la relance économique est peut-être à portée de main... et réalisable sans subventions gouvernementales ! Voire sans prêts gouvernementaux dont l'utilité réelle est souvent douteuse ! Rappelons seulement le titre du journal *La Presse* du 4 février 1994 : « 500 millions de mauvaises créances : Québec serre la vis à la Société de développement industriel ».

## POUR LA PME, LE COMITÉ DE GESTION

Bien que toute PME incorporée doive avoir un conseil d'administration, nous proposons de le tenir à sa plus simple expression. L'entrepreneur pourrait alors créer un comité de gestion dont le mandat, les responsabilités, les pouvoirs et le fonctionnement seraient relativement similaires à ceux d'un « véritable » conseil d'administration, étant entendu que ce comité n'est que consultatif (ses membres sont nommés et ses décisions sont facultatives).

Mais, plus souvent qu'autrement, les carences de gestion de la PME sont grandes. Les statistiques le montrent année après année : plus de 90 % des échecs en affaires sont dus à des carences de gestion. Dès lors, en de nombreuses occasions (par exemple, si la direction d'une PME compte peu, sinon aucun diplômé en gestion), la mission du comité de gestion devra inclure, en plus de certains devoirs similaires à ceux d'un conseil d'administration, des devoirs traditionnellement reconnus à une direction. Bref, un comité de gestion devra répondre aux besoins spécifiques d'une PME : il devra pallier ses carences d'administration mais aussi et surtout, comme le rappellent les statistiques, ses carences de gestion. D'où son nom !

Peu d'exigences juridiques entourent la création d'un comité de gestion ; en conséquence, il convient mieux à la taille de la PME. La Banque fédérale de développement, la Société de développement industriel du Québec et l'Université du Québec à Montréal écrivaient (*Le comité conseil*, Publications Préface inc., Montréal, 1988, p. 13) :

> *[...] pour la majorité des PME, la mise sur pied d'un conseil d'administration en bonne et due forme n'est pas toujours une solution réaliste, ni même réalisable, du moins dans un premier temps. Présentement, moins de 3 % des petites entreprises ont un vrai conseil d'administration.*

Plus loin, on ajoute (p. 14) :

> *Le comité conseil* (comité de gestion) *s'intéresse à la survie et à la croissance de la PME et de ses propriétaires-dirigeants. Et il le fait d'une façon plus adaptée au style de vie des dirigeants de PME.*

De plus, la création d'un comité de gestion pourrait préparer la voie à la mise en place d'un « véritable » conseil d'administration, dans un deuxième temps, lorsque la PME aura grandi.

## DANS LA RELATION FAMILLE ET ENTREPRISE

Dans une relation famille et entreprise, il faudra aussi que le conseil d'administration « administre » dans le respect des besoins particuliers de l'entreprise familiale, qu'elle soit publique ou privée. Thomas B. Harris écrivait (« Some Comments on Family Firms Boards », *Family Business Review*, Jossey-Bass Publishers, San Francisco, été 1989, p. 151) :

> *Pour qu'un conseil d'administration puisse remplir ses fonctions dans une entreprise familiale, il lui faut être un lien entre la famille et les systèmes corporatifs. Ce rôle du conseil d'administration est mieux rempli lorsque ses membres sont à la fois concernés, et par la famille, et par l'entreprise, mais en sont indépendants. Une relation de confiance et de respect entre la famille et les membres du conseil d'administration est essentielle.*

Le Tableau 3 souligne certains ajouts particuliers et souhaitables à la mission du conseil d'administration de l'entreprise familiale. Les interventions particulières du conseil d'administration ou, s'il y a lieu, de certains administrateurs, devront, il va sans dire, être effectuées dans le seul intérêt de l'entreprise. En effet, autant le conseil d'administration que chacun des administrateurs ne peut ni prendre parti pour un actionnaire ou un groupe d'actionnaires ni profiter d'information privilégiée.

Le conseil d'administration d'une entreprise familiale doit respecter sa vocation familiale, ce qui, de toute évidence, le met en relation avec les membres de la famille, qui sont des actionnaires. Cette situation amène le conseil d'administration à s'intéresser à la préparation de la relève, à la formation du successeur, et à la transition du leadership, de la propriété et du contrôle de l'entreprise, et ce, dans le meilleur intérêt de l'entreprise.

## Tableau 3

### LA MISSION PARTICULIÈRE DU CONSEIL D'ADMINISTRATION D'UNE ENTREPRISE FAMILIALE

En accord avec les devoirs que lui impose la loi et à la demande du conseil de famille :

- **Ses responsabilités particulières :**
  - Respecter la vocation familiale de l'entreprise ;
  - Conseiller sur demande le conseil de famille ;
  - Évaluer ou faire évaluer le rendement des membres de la famille à l'emploi de l'entreprise ;
  - Évaluer et approuver le plan de relève ;
  - Collaborer à la formation et à l'intégration du successeur ;
  - Assister l'entrepreneur et le successeur lors de la transition du leadership ;
  - Conseiller le successeur dans les changements qu'il propose ;
  - Prévenir une crise de leadership ;
  - Assumer toute autre responsabilité jugée nécessaire ou requise par le conseil de famille.

- **Ses pouvoirs particuliers :**
  - Arbitrer sur demande les conflits entre membres de la famille ;
  - Embaucher, promouvoir ou congédier des membres de la famille ;
  - Accepter ou refuser la nomination du successeur choisi par le conseil de famille ;
  - Exercer tout autre pouvoir jugé nécessaire ou requis par le conseil de famille.

- **Son fonctionnement particulier :**
  - Participation du président du conseil de famille ;
  - Critères particuliers de sélection des membres ;
  - Critères particuliers de performance du conseil d'administration ;
  - Toute autre règle et pratique de fonctionnement jugées nécessaires ou requises par le conseil de famille.

## L'entreprise familiale publique

Le parent-entrepreneur actionnaire d'une entreprise familiale publique aura opté pour que des investisseurs étrangers (non membres de la famille) participent à l'actionnariat de l'entreprise. Et, Dieu merci, de nombreux investisseurs en ont profité et en profiteront! Mais en sera-t-il toujours ainsi, et dans tous les cas? Qu'adviendra-t-il au départ ou au décès de tel ou tel parent-entrepreneur? A-t-on préparé la relève? Qui sera le successeur? Sera-t-il un membre de la famille ou un étranger? Comment réagiront les partenaires?

On le sait, il peut être difficile de grandir à l'ombre d'un héros, et peut-être encore plus de lui succéder. Mais, qu'à cela ne tienne, l'investisseur étranger voudra que le successeur soit compétent et accepté, que les prêteurs continuent de prêter, que les dirigeants continuent de collaborer, bref, que l'entreprise continue ses performances... et dure!

Hélène Morin cite les propos de Pierre-Karl Péladeau («Péladeau II, dit le tempéré», *Suites – Le magazine des diplômés-es de l'UQAM –*, Bureau des diplômés-es de l'Université du Québec à Montréal, Montréal, janvier 1993, p. 9):

> *L'important, c'est que la personne qui va prendre le poste* (successeur) *soit capable de l'assumer. Il ne suffit pas de posséder des actions; il faut se faire respecter par les employés, les actionnaires, les banquiers, la communauté financière en général.*

Or, n'est-il pas connu que les prêteurs s'intéressent tout autant, sinon davantage, aux personnes qui dirigent une entreprise qu'à l'entreprise elle-même? «La confiance est la base d'une solide relation avec son banquier», répètent-ils souvent! Comment sera la relation du successeur et, dans de nombreux cas, de l'enfant-successeur avec les prêteurs? Reconnaîtront-ils sa compétence? Y aura-t-il un climat de confiance? Les dirigeants de l'entreprise accepteront-ils d'être menés par tel ou tel enfant ? Resteront-ils ou quitteront-ils l'entreprise ? Bref, le cours des actions en sera-t-il affecté ?

L'entreprise familiale publique est-elle d'abord familiale ou d'abord publique ? (À notre avis, ces deux dimensions peuvent cohabiter !) Mais si l'entreprise demeure familiale, le fait qu'elle soit aussi publique n'impose-t-il pas de divulguer toute information déterminante (matérielle, comme le disent les experts) sur sa performance et sur sa permanence ? Une information déterminante n'est-elle pas celle qui concerne l'avenir, celle qui, lorsque connue, affectera le cours des actions ? À ce titre, le plan de relève est-il une information jugée déterminante pour l'avenir d'une entreprise ?

Mais, au fait, appartient-il aux administrateurs d'une entreprise de connaître, d'évaluer et d'approuver le plan de relève de l'entreprise familiale publique ? Appartient-il au vérificateur-comptable de souligner les carences ou l'absence d'un plan de relève ? Appartient-il à l'analyste financier ou au courtier en valeurs mobilières de mettre en garde l'investisseur ? Appartient-il à l'investisseur de voir à ses affaires ?

Sans vouloir chercher à susciter d'éventuelles batailles juridiques, il n'en reste pas moins que l'on reconnaît au conseil d'administration d'une entreprise le devoir d'administrer la permanence de l'entreprise, soit-elle familiale ou non, et, par ailleurs, que la permanence de l'entreprise est un principe comptable reconnu. Plus encore, un parent-entrepreneur et les membres de sa famille pourraient disposer d'une information privilégiée : la connaissance du plan de relève, de ses carences... ou de son absence !

Somme toute, lorsque le conseil d'administration jouera son rôle de véritable contrepoids face à la direction de l'entreprise, il exigera de connaître, d'évaluer et d'approuver le plan de relève de l'entreprise familiale publique, comme de toute entreprise. Il exigera aussi l'avis du vérificateur-comptable et, si nécessaire, l'avis de conseillers extérieurs compétents (ce que permet la loi !).

Mais au-delà de toutes ces considérations, tout parent-entrepreneur qui aura voulu que des investisseurs étrangers participent à la propriété de l'entreprise familiale, autrement dit celui qui aura voulu que l'entreprise soit à la fois familiale et publique, devrait donner le ton et être le premier à faire connaître et à respecter la vocation familiale de l'entreprise, donc à parler de relève, et dans la famille et dans l'entreprise ! Toutefois, s'il est difficile de gérer une entreprise et très difficile de gérer une entreprise familiale, il est très, très difficile de gérer une entreprise familiale publique.

## EN CONCLUSION

La loi semble montrer les dents : elle accroît les droits et les recours des actionnaires envers leur conseil d'administration, ceux des créanciers envers le conseil d'administration et ceux de l'entreprise envers son conseil d'administration. Cependant, elle reconnaît aux administrateurs le droit à l'information, le droit à la consultation, le droit à la décision, le droit à l'intervention, et même le droit à la dissidence. En contrepartie, la loi demande aux administrateurs d'agir avec « prudence, diligence et compétence ».

Comme nous l'avons vu, tout conseil d'administration peut, selon les pouvoirs actuels que lui confère la loi, revitaliser sa mission et répondre aux attentes de la loi, de l'entreprise, des actionnaires, des investisseurs, des créanciers... et de la famille, le cas échéant. Il lui suffit de décider de cette action ; il lui suffit de décider d'élargir, de détailler et de préciser – par résolutions ou par règlements – son mandat, ses responsabilités, ses pouvoirs et son fonctionnement. En quelques mots, il lui suffit de décider d'agir en véritable contrepoids face à la direction de l'entreprise.

Mais il faudra que des administrateurs changent des attitudes, des comportements individuels et des comportements de groupe, et qu'ils adoptent de nouveaux rôles afin que le conseil d'administration – un groupe de tâche – s'acquitte de sa véritable mission.

# CHAPITRE 3

# LE COMITÉ D'EXPLOITATION : DANS LE FEU DE L'ACTION !

Le rôle de la direction d'une entreprise, familiale ou non, c'est de gérer l'entreprise. Sa mission rime avec action ! Mais pour ce faire, ses membres doivent coordonner leurs efforts en formant un comité d'exploitation, auquel tous les secteurs de l'entreprise participent. Ils élaborent leur action... en groupe ! En fait, un comité d'exploitation est un groupe de tâche et, comme tout groupe de tâche, il a une tâche précise à accomplir : la gestion efficace et efficiente de l'entreprise. Le Tableau 1 résume sa mission (mandat, responsabilités, pouvoirs et fonctionnement).

Nous ne croyons pas approprié d'aborder ici l'explication des concepts et des outils de gestion ; de nombreux ouvrages existent sur le sujet et ils sont largement accessibles. Aussi, limiterons-nous nos propos à une courte discussion des devoirs du comité d'exploitation, et à deux considérations particulières à la direction d'une entreprise familiale qui, malheureusement, sont rarement traitées : les styles de départ des entrepreneurs et l'évolution de la relève dans l'entreprise.

## Tableau 1

### LA MISSION DU COMITÉ D'EXPLOITATION

En accord avec les devoirs que lui impose le conseil d'administration :

- **Son mandat :**
  - Définir la mission et la stratégie de l'entreprise dans l'environnement – demande et concurrence – et assurer la saine gestion de l'exploitation de l'entreprise.

- **Ses responsabilités :**
  - Définir le mandat, les responsabilités, les pouvoirs et le fonctionnement du comité d'exploitation ;
  - Évaluer l'évolution de l'environnement (la demande et la concurrence) et identifier les opportunités et les menaces ;
  - Établir la plan stratégique de l'entreprise ;
  - Fixer les objectifs à atteindre (court, moyen et long terme) ;
  - Maintenir et accroître les forces concurrentielle, organisationnelle et comportementale de l'entreprise ;
  - Maintenir de bonnes relations avec les clients, les employés, les prêteurs et les investisseurs, les fournisseur et la communauté ;
  - Définir les politiques de gestion ;
  - Assurer la saine utilisation des ressources humaines, financières et physiques et leur intégration en un processus d'entreprise efficace et efficient ;
  - Faire rapport au conseil d'administration.

- **Ses pouvoirs :**
  - Décider de la mise en œuvre (cheminement et moyens) du plan stratégique de l'entreprise ;
  - Décider des règles et des pratiques de gestion (planification, organisation, direction et contrôle) du marketing, des ressources humaines, de la production et des finances ;
  - Décider de l'allocation des ressources humaines, financières et physiques ;
  - Implanter les décisions ;
  - Conduire toute analyse ou étude jugée nécessaire ou requise par le conseil d'administration.

- **Son fonctionnement :**
  - Respecter l'autorité du chef de l'exploitation (ou du directeur général dans une PME) ;
  - Établir les critères d'appartenance ;
  - Établir le calendrier des rencontres ;
  - Obtenir lorsque nécessaire l'approbation du conseil d'administration.

## LES DEVOIRS DU COMITÉ D'EXPLOITATION

Nous expliquerons les devoirs du comité d'exploitation en trois parties : la gestion concurrentielle, la gestion organisationnelle et la gestion comportementale de l'entreprise.

Bien que cette approche facilite la clarté de nos propos, la réalité est toute autre. En pratique, toutes les tâches de la direction et de l'entreprise doivent être intégrées en un tout articulé : le processus d'entreprise. Dans la vraie vie, chaque tâche doit s'ajouter aux autres et les renforcer afin que l'entreprise ait de bons résultats et dure.

Rentabilité, autonomie financière et croissance de l'entreprise sont des objectifs que vise la direction ; par ailleurs, l'importance accordée à chacun varie d'une entreprise à une autre. Atteindre de tels objectifs, de toute évidence, requiert une saine gestion de la force concurrentielle, de la force organisationnelle et de la force comportementale de l'entreprise ainsi que leur intégration en un processus efficace et efficient.

### La force concurrentielle

Le comité d'exploitation doit gérer la force concurrentielle de l'entreprise, c'est-à-dire lui assurer un avantage et une stratégie concurrentiels qui répondent aux opportunités et aux menaces que présente l'environnement : la demande et la concurrence.

D'une part, une entreprise a un bon avantage concurrentiel si son offre répond à des besoins et à des désirs des clients du marché cible que les entreprises concurrentes ne savent pas satisfaire. C'est, pour son produit ou son service, « son » avantage sur sa concurrence dans son marché ! Par exemple, un produit ou un service novateur, un produit ou un service ayant des caractéristiques différentes, un service de qualité au client, un rapport qualité-prix supérieur, etc. D'autre part, une entreprise a une bonne stratégie concurrentielle si elle sait commercialiser son offre et miser sur son avantage concurrentiel.

Par ailleurs, gérer la force concurrentielle d'une entreprise requiert un ajustement continu : les clients changent, ainsi que leurs besoins et leurs désirs. Les entreprises concurrentes changent aussi. En conséquence, l'entreprise devra changer – s'ajuster – afin d'assurer la qualité de son avantage concurrentiel et l'impact de sa stratégie concurrentielle dans un environnement en évolution. Il appartient à la direction de savoir renouveler la force concurrentielle de l'entreprise.

## La force organisationnelle

Le comité d'exploitation doit aussi gérer la force organisationnelle de l'entreprise – ses ressources – afin qu'elle dispose en tout temps de bonnes compétences qui appuient son avantage et sa stratégie concurrentiels : des compétences distinctives.

En fait, les ressources – humaines, financières et physiques – sont à la base de la force organisationnelle d'une entreprise. Leur qualité et leur agencement distinctifs doivent être efficaces et efficients, et se traduire en actions stratégiques (marketing, ressources humaines, production et finances) efficaces et efficientes.

## La force comportementale

La force comportementale de l'entreprise repose essentiellement sur l'efficacité et l'efficience des comportements de l'entrepreneur, des membres de la famille à l'emploi de l'entreprise, des dirigeants et des employés. Or, pour être efficaces et efficients, ces comportements doivent respecter les valeurs, les règles et les pratiques recherchées dans l'entreprise.

Les règles et les pratiques définissent comment accomplir les tâches : les manières de faire le travail, les manières de se comporter. Donc, elles doivent être connues, acceptées et respectées, bref, se traduire en « gestes quotidiens ».

Nous avons écrit (*Un plan d'affaires stratégique vers le succès*, Gaëtan Morin éditeur ltée, Boucherville, 1994, p. 23) :

> *Si la planification concurrentielle indique la route et si la planification organisationnelle établit les moyens, la planification comportementale, elle, vise à préciser et à renforcer les manières d'utiliser ces moyens. Il s'agit des règles et des pratiques ; elles explicitent comment accomplir les activités, comment exécuter les tâches.*

Somme toute, lorsque les valeurs, les règles et les pratiques recherchées dans l'entreprise sont, d'une part, cohérentes et conformes à la planification concurrentielle et à la planification organisationnelle et, d'autre part, partagées par les ressources humaines et, en conséquence, acceptées et respectées d'elles, la force comportementale de l'entreprise est grande.

### Le processus d'entreprise

Les ressources et les tâches sont traditionnellement compartimentées entre les fonctions de gestion (marketing, ressources humaines, production et finances). Mais, nous l'avons vu, elles sont interdépendantes les unes des autres. Elles forment, lorsqu'elles sont intégrées, un processus : le processus d'entreprise.

En effet, il est facile de comprendre que l'exécution d'une tâche, quelle que soit sa nature, est affectée par l'exécution des tâches dont elle dépend, et qu'elle influera sur l'exécution des tâches qui en dépendent. Certaines peuvent être vues comme des « fournisseurs » et d'autres, comme des « clients ». Ce sont des expressions utilisées en « qualité totale ». Aussi, doit-on optimiser l'efficacité et l'efficience de chaque tâche. De la sorte, le processus d'entreprise – du client au fournisseur, du fournisseur au client – sera efficace et efficient. Dès lors, l'entreprise saura atteindre sa mission : la satisfaction des besoins et des désirs du client.

Par ailleurs, toute direction doit, pour gérer, disposer d'une bonne information sur l'externe (demande et concurrence) et sur l'interne (exploitation). Aussi, devra-t-elle disposer d'un système d'information qui, d'une part, permettra l'évaluation continue de la force concurrentielle de l'entreprise (externe) et de ses forces organisationnelle et comportementale (interne) et, d'autre part, facilitera la prise de décision... et l'action ! De fait, les tâches du système d'information sont une partie intégrante du processus d'entreprise et, comme toute autre tâche, elles devront être efficaces et efficientes.

### DANS LA RELATION FAMILLE ET ENTREPRISE

On voudra, dans la relation famille et entreprise, imposer des devoirs particuliers au comité d'exploitation ; le tableau 2 les montre. Il est clair que la direction d'une entreprise familiale devra respecter sa vocation familiale et contribuer « activement » à la préparation de la relève.

Mais, dans l'entreprise familiale, la direction pourra compter des membres de la famille. Aussi aborderons-nous deux sujets trop rarement traités : les styles de départ des entrepreneurs et l'évolution de la relève au sein de l'entreprise. Ce sont, tout au moins,

## Tableau 2

### LA MISSION PARTICULIÈRE DU COMITÉ D'EXPLOITATION

En accord avec les devoirs que lui impose le conseil d'administration et à la demande du conseil de famille par l'intermédiaire du conseil d'administration :

• **Ses responsabilités particulières :**
  – Respecter la vocation familiale de l'entreprise ;
  – Conseiller et former sur demande les membres de la famille à l'emploi de l'entreprise ;
  – Évaluer sur demande le rendement des membres de la famille à l'emploi de l'entreprise ;
  – Assumer toute autre responsabilité jugée nécessaire ou requise par le conseil d'administration.

• **Ses pouvoirs particuliers :**
  – Collaborer à l'établissement du plan de carrière des membres de la famille à l'emploi de l'entreprise ;
  – Recommander la promotion ou le congédiement de membres de la famille à l'emploi de l'entreprise ;
  – Exercer tout autre pouvoir particulier jugé nécessaire ou requis par le conseil d'administration.

• **Son fonctionnement particulier :**
  – Intégrer les membres de la famille à l'emploi de l'entreprise ;
  – Établir toute autre règle et pratique de fonctionnement jugées nécessaires ou requises par le conseil d'administration.

deux considérations importantes d'une relation parent-entrepreneur et enfant-relève.

## Les styles de départ des entrepreneurs

Comme nous l'avons vu, les caractéristiques des individus s'expriment par des styles différents. Il en est ainsi quand les leaders doivent quitter leur entreprise, soit-elle familiale ou non. Jeffrey Sonnenfeld explique (*The Hero's Farewell : What Happens When CEOs Retire*, Oxford University Press, New York, 1988, p. 7) :

> *[...] les leaders ont des styles de départ, différents selon leur conception personnelle de l'héroïsme. La conception personnelle de l'héroïsme comprend deux aspects : l'identification avec le statut de leader et la recherche d'une contribution immortelle.*

L'auteur propose quatre styles différents de départ des leaders d'entreprise :

- Le *monarque*
- Le *général*
- L'*ambassadeur*
- Le *gouverneur*

Il décrit ainsi chaque style (p. 70) :

- *Le monarque ne quitte pas son poste à moins d'y être contraint soit par la mort, soit par une révolte. Cette révolte peut prendre la forme d'ultimatums, de départs de dirigeants ou d'actions du conseil d'administration.*

- *Le général quitte aussi son poste par la force. Il partira à reculons, planifiera son retour et reviendra rapidement pour sauver l'entreprise de l'incompétence réelle ou imaginaire du successeur. Le général aime être vu comme un sauveur et il espère souvent être encore là pour conduire l'entreprise et lui-même à une plus grande gloire.*

- *L'ambassadeur quitte avec élégance et, souvent, il acceptera après son départ, de continuer de servir l'entreprise. Il pourra demeurer membre du conseil d'administration sans chercher à saboter le travail du successeur. L'ambassadeur assurera continuité et conseils.*

- *Le gouverneur occupe son poste pour une période de temps définie et, après son départ, il s'adonnera à d'autres activités entièrement différentes. Malgré son départ relativement élégant, le gouverneur n'entretiendra que peu de relations ultérieures avec l'entreprise.*

En quelques mots, voici chacun des quatre styles de départs : Adieu ! À bientôt ! Bonne chance ! Débrouillez-vous !

### Style et relève

Au moment du départ du parent-entrepreneur, la préparation de la relève, la formation du successeur et la transition du leadership auront déjà été affectées par le « style » de ce dernier. Kevin C. Seymour écrivait (« Intergenerational Relationships in the Family Firm : The Effect on Leadership Succession », *Family Business Review*, Jossey-Bass Publishers, San Francisco, automne 1993, p. 266) :

> *Une bonne relation de travail entre un entrepreneur et un successeur présume un apprentissage mutuel, une facilité à travailler en équipe, une volonté de s'écouter et un plaisir mutuel à travailler ensemble. Chez le successeur, elle requiert un respect de la sagesse que l'entrepreneur a acquise au cours des années. Chez l'entrepreneur, elle nécessite une flexibilité qui*

*permet d'explorer et d'accepter de nouvelles métho-*
*des de travail managériales et une volonté d'aider*
*lors de l'établissement d'un programme de for-*
*mation efficace.*

*Une formation efficace requiert aussi que l'entre-*
*preneur et le successeur ne se sentent pas mena-*
*cés par un cheminement visant le départ éventuel*
*de l'entrepreneur.*

De plus, Jeffrey Sonnenfeld et Padraic L. Spence
soulignent («The Parting Patriarch of a Family Firm»,
*Family Business Review*, Jossey-Bass Publishers, San
Francisco, hiver 1989, p. 373) :

*Même si le style de départ est déterminé par la*
*conception personnelle de l'héroïsme du leader,*
*laquelle, en partie, dépend des traits de person-*
*nalité de chacun, une intervention précoce peut*
*éliminer une large part du comportement négatif*
*associé à un style donné. Par l'identification du*
*style de départ d'un leader et par des actions*
*appropriées, le conseil d'administration et les*
*dirigeants peuvent réduire le traumatisme organi-*
*sationnel. Il est important qu'un plan minutieux*
*soit établi et suivi lors de chaque étape de la tran-*
*sition.*

Par exemple, un style *monarque* ou *général* pourrait entraîner des tensions entre le parent-entrepreneur
et la relève, donc, fort probablement, un manque de
préparation de la relève et de la transition du leadership, et peut-être une crise de leadership. Mais sachant
que demain viendra, un *monarque* ou un *général* ne
pourrait-il pas accepter de changer des attitudes et des
comportements ? Le conseil d'administration et la direction ne devraient-ils pas «véritablement» contribuer à
faciliter le changement ?

## Héros ? Oui ! Mais héros de quoi ?

Le dictionnaire *Larousse* définit le mot héros en ces termes : « Personnage légendaire à qui l'on prête des exploits extraordinaires. » Il faudra, bien entendu, savoir reconnaître les exploits extraordinaires – l'excellence et le succès – du parent-entrepreneur. Mais ses exploits se limiteront à ce qu'il a fait.

Jadis, si l'on attribuait surtout l'échec d'une entreprise familiale à la relève – « Ce n'est pas le père et ça paraît » –, demain, l'on dira que « le parent-entrepreneur a peut-être saboté sa relève ; l'enfant-successeur et la famille ont peut-être fait ce qu'ils ont pu ». Plus tard, on parlera surtout des erreurs commises ; ce sera un autre exemple de ce qu'il ne faut pas faire ! À notre avis, un parent-entrepreneur qui se dit propriétaire d'une entreprise familiale doit rechercher un style de départ *ambassadeur* ou *gouverneur* (si la relève est vraiment prête)... afin de laisser une contribution immortelle.

Quant au *monarque* ou au *général* qui ne veut ou ne peut préparer la relève, il devrait alors envisager la vente de son entreprise à des étrangers de son vivant, ... tout au moins au moment de l'apparition de l'effet plateau (stagnation de l'entreprise causée par le désintérêt ou l'incapacité de son leader). Mais cet entrepreneur devra choisir des étrangers qui, eux, sauront préparer véritablement la relève ou qui sauront, à leur tour, vendre l'entreprise à des étrangers... D'exploits en exploits, nos entreprises auront plus de chances de survivre. Et, tous y gagneront : le parent-entrepreneur-héros, la famille, l'entreprise, les employés et la société.

La perpétuation de l'entreprise familiale dans la famille requiert de voir au-delà de son propre statut et de sa mission. En conséquence, il est nécessaire de préparer la relève, de former le successeur... et de planifier le départ du parent-entrepreneur. Les tristes statistiques le montrent : dans l'état actuel des choses, rarement la contribution d'un parent-entrepreneur est-elle immortelle.

## L'évolution de la relève

Durant la première partie de sa vie, l'enfant, membre d'une famille en affaires ou non, vit intensément la dynamique familiale. Plus tard, la carrière de cet enfant comprendra, s'il joint l'entreprise familiale, essentielle-ment quatre changements majeurs :

- D'enfant à employé ;

- D'employé à dirigeant ;

- De dirigeant à actionnaire-dirigeant ;

- D'actionnaire-dirigeant à successeur.

Vivre efficacement ces changements ne peut se faire sans une démarche appropriée ; c'est une partie intégrante de la préparation de la relève. En effet, si la préparation de la relève a commencé en famille et qu'elle doit s'y poursuivre, elle doit aussi « pénétrer » l'entre-prise. Le plan de carrière n'est-il pas alors fort utile ?

## D'enfant à employé

Ce premier changement – d'enfant à employé – est majeur, comme chacun des autres changements d'ail-leurs. Il doit permettre au membre de la famille en affaires de jouer un rôle véritable dans l'entreprise : fournir une contribution individuelle mesurable. Il devra apprendre, au cours de cette période, à reconnaître les exigences d'un rôle organisationnel et à les satisfaire conformément aux valeurs, aux règles et aux pratiques recherchées dans l'entreprise familiale.

Dans la majorité des cas, une expérience exté-rieure de quelques années facilitera la transition d'un rôle d'enfant à un rôle d'employé et, en conséquence, l'intégration dans l'entreprise familiale. Quoi qu'il en soit, lors de l'embauche, il importera que le poste confié à un enfant corresponde à sa compétence, que les critères de rendement soient précisés, qu'on évalue son rendement et qu'on lui donne une rétroaction honnête. On devra aussi congédier celui qui ne répond pas aux attentes (ce qui ne sera jamais facile).

## D'employé à dirigeant

Si le rôle d'employé est caractérisé par une contribution individuelle, le rôle de dirigeant est caractérisé par la supervision de la contribution d'employés : individuelle et de groupe. Ce deuxième changement majeur est souvent déroutant : c'est passer du « faire » au « faire-faire ».

Linda A. Hill a étudié ce changement ; elle a suivi l'évolution de 19 jeunes dirigeants au cours de leur première année en poste (*Becoming a Manager*, Penguin Books, New York, 1993, p. 245). Voici ce qu'elle en dit :

- *Devenir un dirigeant a nécessité un ajustement psychologique majeur – une « transformation ». Certaines transitions sont des changements qui gardent un individu dans un plan de carrière établi, comme les changements mineurs qu'effectue un pilote pour maintenir l'avion dans une direction donnée. Certaines autres transitions – comme une promotion à la direction – sont des points tournants qui affectent l'équilibre et l'orientation d'une carrière, comme lorsqu'un pilote doit élaborer un nouveau plan de vol advenant un changement de destination. Les nouveaux dirigeants ont dû apprendre à penser, à ressentir et à évaluer à la manière d'un dirigeant plutôt qu'à la manière d'un employé qui fournit une contribution individuelle. Pour effectuer*

**85**

*l'ajustement psychologique nécessaire, ils ont dû affronter quatre défis :*

- *Apprendre ce que signifie être dirigeant ;*

- *Développer un jugement interpersonnel ;*

- *Bâtir la confiance en soi ;*

- *Maîtriser le stress et les émotions.*

- *Devenir un dirigeant a surtout été un processus « d'apprentissage par l'expérience ». Les nouveaux dirigeants ont pu comprendre leur nouveau rôle et leur nouvelle identité par l'action et non par la contemplation. Ils ont appris en faisant face à de vrais problèmes et à de vraies conséquences. En fait, la transformation a été itérative, lente et difficile, à la fois intellectuellement et émotivement.*

Ce changement – d'employé à dirigeant – fut laborieux, dit l'auteur. Et dans l'entreprise familiale, ce changement l'est davantage, à notre avis. D'une part, le nouveau dirigeant membre de la famille est vu différemment et, d'autre part, il lui faudra apprendre plus, comparativement à un dirigeant étranger, car d'autres changements majeurs suivront : de dirigeant à actionnaire-dirigeant, et pour l'un d'entre eux, espérons-le, d'actionnaire-dirigeant à successeur.

## De dirigeant à actionnaire-dirigeant

Si au cours de sa carrière de dirigeant, à travers les divers postes qu'il aura occupés, l'enfant-dirigeant a pu apprendre à apporter sa contribution et à superviser, il lui aura fallu apprendre aussi à connaître et à évaluer l'environnement (la demande et la concurrence), les forces et les faiblesses de l'entreprise, la stratégie concurrentielle et de croissance, la mission du conseil d'administration et celle du comité d'exploitation. Bref, il

lui aura fallu bâtir une vision entrepreneuriale essentielle à tout dirigeant à succès.

Cependant, dans la relation famille et entreprise,
la vision entrepreneuriale d'un actionnaire-dirigeant
doit aussi tenir compte de celle du parent-entrepreneur
et de celle des autres membres de la famille. Ces derniers sont ou seront, au même titre que lui, des actionnaires de l'entreprise familiale, soient-ils à l'emploi de
l'entreprise familiale ou non. En effet, certains enfants
n'auront à vivre qu'un seul changement majeur : celui
d'enfant à actionnaire.

Dès lors, dans la relation famille et entreprise, la
vision entrepreneuriale d'un actionnaire-dirigeant doit
découler de la vision familiale et entrepreneuriale qui est
commune aux membres du clan familial. Le conseil de
famille et la convention familiale ne prennent-ils pas
alors tout leur sens ?

## D'actionnaire-dirigeant à successeur

Parmi les enfants-actionnaires, un seul succédera au
parent-entrepreneur et assumera le poste de successeur. L'enfant-successeur devra avoir le respect, la confiance et l'appui du parent-entrepreneur, de ses sœurs
et frères actionnaires-dirigeants, des autres membres de
la famille, des membres du conseil d'administration, des
dirigeants étrangers, des prêteurs et des investisseurs.
Bref, on devra reconnaître ses connaissances, son
expertise et ses habiletés. On devra reconnaître son
leadership !

Mais il faut le rappeler : la qualité de la relation
de travail entre un parent-entrepreneur et un enfant-
successeur aura influencé la formation de ce dernier.
Kevin C. Seymour explique l'importance d'une bonne
relation de travail entre parent-entrepreneur et enfant-
successeur (*ibidem*, p. 274) :

*La présente étude a trouvé une association posi-
tive et significative entre la qualité de la relation de
travail entre entrepreneur et successeur, et la
formation du successeur. Plus encore, la qualité de
la relation de travail rehaussait significativement
la prévision de formation du successeur. Ce résul-
tat suggère qu'une relation de travail de bonne
qualité entre entrepreneurs et successeurs accroîtra les chances qu'auront les successeurs de
recevoir une formation avant la transition du
leadership.*

Par ailleurs, l'enfant-successeur devra savoir
distinguer transition du leadership et transition de
propriété et de contrôle, car s'il est l'enfant désigné successeur, plusieurs membres de la famille pourraient se
partager le capital-actions de l'entreprise. Dès lors, sa
conception de l'héroïsme devra tenir compte du statut et
de la mission héroïques du parent-entrepreneur et des
autres membres de la famille.

Aussi, le style de leadership de l'enfant-
successeur devra être différent de celui du parent-
entrepreneur, souvent fondateur et seul actionnaire ou
actionnaire majoritaire de l'entreprise. Puisque l'actionnariat de l'entreprise familiale sera partagé entre plusieurs membres de la famille, le style de leadership du
nouveau dirigeant devra en tenir compte. D'une part,
ses décisions et ses gestes devront respecter les exigences des membres du clan familial – réunis en conseil
de famille – et celles du conseil d'administration. D'autre
part, il lui faudra souvent travailler avec parents, sœurs
et frères. Pour ces raisons, un style de leadership
participatif facilitera sûrement la tâche du nouveau
leader et accroîtra la motivation et la satisfaction de
tous. Mais si participatif suppose communication et
partage, il signifie aussi « action » : il faudra donc savoir
respecter la liberté d'action du successeur-leader.

La mission héroïque de la relève – l'enfant-successeur et les autres membres du clan familial – ne devrait-elle pas être celle de laisser à son tour l'entreprise familiale à ses descendants ? Et dans une meilleure santé qu'elle ne l'a reçue ? La relève ne devra-t-elle pas savoir préparer sa propre relève ? Le style de départ de l'enfant-successeur pourra-t-il être autre qu'*ambassadeur* ?

## EN CONCLUSION

Dans la relation famille et entreprise, on laisse souvent faire le temps. Quand il est question de la perpétuation d'une entreprise familiale, le temps n'arrange que rarement les choses. Lorsqu'un parent-entrepreneur approche de sa retraite, les dés sont jetés et il faudra vivre avec ce qui a été fait. Le style de départ de l'entrepreneur marquera alors la transition du leadership ; son style aura aussi marqué la préparation et l'évolution de la relève.

Préparer la relève, c'est savoir intégrer ses enfants dans l'entreprise familiale. Ce premier changement majeur – d'enfant à employé – est crucial. Des auteurs le soulignent : les impressions durables viennent des expériences vécues durant les premières années. Préparer la relève, c'est aussi faciliter le deuxième changement majeur – d'employé à dirigeant (membre de la direction) –, le passage de celui qui fournit une contribution individuelle à celui qui supervise la contribution d'employés. Préparer la relève, c'est également aider les enfants à traverser le troisième changement majeur – de dirigeant à actionnaire-dirigeant – qui exige de tenir compte de la vision familiale et entrepreneuriale commune aux membres du clan familial. Finalement, préparer la relève, c'est aussi avoir formé l'enfant-successeur et l'aider lors du quatrième changement majeur – d'actionnaire-dirigeant à successeur. C'est aussi, dans certains cas, faciliter un seul changement majeur : celui d'enfant à actionnaire.

Il importe de prendre conscience que chacun de ces changements exige un ajustement psychologique important, autant intellectuellement qu'émotivement. Leur réussite dépendra à la fois de la motivation et des capacités de l'enfant, et du soutien que lui accorderont le parent-entrepreneur, les autres membres de la famille, les administrateurs et les dirigeants.

Cependant, plus tôt on reconnaîtra la vocation entrepreneuriale d'une famille et la vocation familiale d'une entreprise, plus tôt on favorisera ces changements au conseil de famille, au conseil d'administration et au comité d'exploitation. Chacun de ces groupes de tâche est chargé d'une mission particulière dans une relation famille et entreprise.

# CHAPITRE 4

# LA RELATION FAMILLE ET ENTREPRISE : GÉRER LE CHANGEMENT !

**A**ccepter de gérer le changement, c'est accepter de travailler à bâtir l'avenir, plutôt que de laisser faire le temps ! Un philosophe écrivait : « Il y a l'avenir qui se fait et l'avenir qu'on fait. L'avenir réel se compose des deux. »

Gérer le changement implique que l'on tienne compte tout au moins de trois composantes principales :

- le lieu du changement,

- les phases du changement,

- la démarche du changement.

Bien que l'on puisse généraliser certains concepts présentés (sommairement) et les utiliser à d'autres situations de changement, nous limiterons notre discussion au changement organisationnel dans les trois groupes de tâche de la relation famille et entreprise. Par ailleurs – nous croyons approprié de le souligner –, nous expliquerons notre vision des choses.

## GÉRER LE CHANGEMENT : LE LIEU

Dans une relation famille et entreprise, trois principaux lieux de changement doivent être considérés :

- Le groupe des membres de la famille réunis en conseil de famille ;

- Le groupe des administrateurs (membres de la famille et étrangers) réunis en conseil d'administration (ou en comité de gestion dans une PME) ;

- Le groupe des dirigeants de l'entreprise familiale (membres de la famille et étrangers) réunis en comité d'exploitation.

### Graphique 1

**TROIS GROUPES DE TÂCHE**
**DANS LA RELATION FAMILLE ET ENTREPRISE**

Membres du clan familial — CONSEIL DE FAMILLE ⟷ CONSEIL D'ADMINISTRATION (OU COMITÉ DE GESTION) — Administrateurs (ou membres)

COMITÉ D'EXPLOITATION

Chef de l'exploitation (ou directeur général) + dirigeants

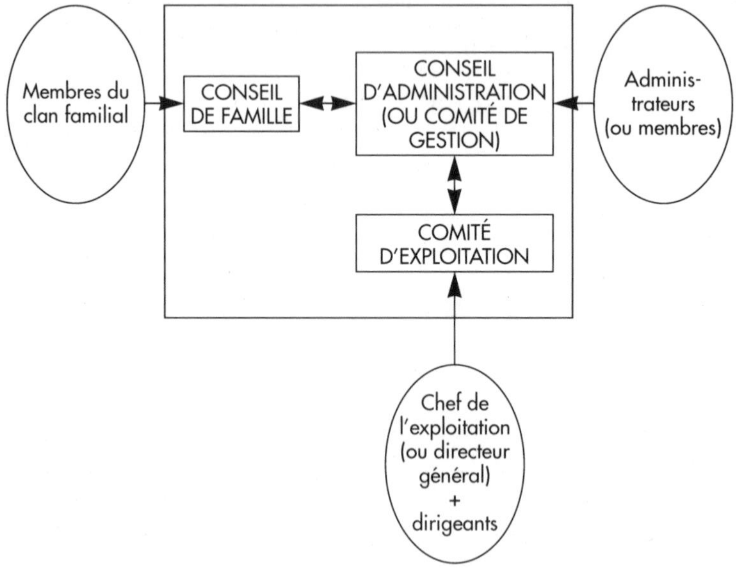

Comme nous l'avons vu précédemment, chacun de ces lieux de changement doit être vu comme un groupe de tâche ayant une mission particulière (mandat, responsabilités, pouvoirs et fonctionnement). Ils sont distincts mais interreliés, ce que nous montre le Graphique 1. Mais qu'est-ce donc qu'un groupe de tâche ?

## Un groupe de tâche

Un groupe de tâche a une mission particulière, une tâche précise à accomplir. Il doit être vu comme une entité propre et distincte de chaque individu qui en est membre. Par ailleurs, un groupe de tâche doit permettre à chacun des membres d'échanger directement et individuellement aussi bien avec un autre de ses membres qu'avec l'ensemble.

Tout groupe de tâche doit établir et, plus tard, respecter et faire respecter des règles et des pratiques cohérentes et conformes à sa mission, aux valeurs et aux rôles recherchés dans le groupe. Mais, pour ce faire, il aura d'abord fallu et il faudra que les membres du groupe en arrivent à avoir des échanges productifs. Or, la maturité individuelle des personnes réunies en groupe de tâche n'est pas une assurance de la maturité du groupe. En fait, un groupe de tâche – en tant que groupe – pourrait décider et agir avec moins de maturité que quiconque le compose.

Donc, tout groupe de tâche devra évoluer selon diverses phases de croissance : création, structuration, renforcement et maturité. Des experts considèrent qu'un groupe de tâche a atteint la maturité si ses membres savent communiquer, autrement dit, s'ils savent se parler afin de se comprendre, de s'entendre, de décider et d'agir en groupe.

### La « tension » dans un groupe

En termes simples, la communication entre les membres d'un groupe de tâche s'effectue principalement selon deux modes distincts quoiqu'ils soient interdépendants : le mode émotif et le mode rationnel. Or, on le devine, le mode de communication rationnel doit être recherché. En effet, au-delà d'un certain seuil de tolérance – propre à chaque groupe –, une « surcharge de tension » généralement causée par des échanges trop émotifs empêchera les membres du groupe de travailler efficacement. Le Graphique 2 le montre.

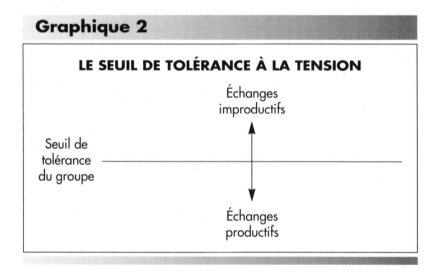

**Graphique 2**

LE SEUIL DE TOLÉRANCE À LA TENSION

Échanges
improductifs

Seuil de
tolérance
du groupe

Échanges
productifs

Mais, à divers moments, les membres pourraient vouloir discuter effectivement de leurs préoccupations affectives ; les comportements et les échanges pourraient alors, si on laisse faire les choses, prendre une allure plus émotive : critiques, disputes, départs violents, blocages, échanges superficiels, perte d'intérêt, perte de confiance, ennui, remise en question, absences, etc. Malgré les risques de verbaliser le non-dit (les aspects souvent implicites des relations antérieures), ce serait une erreur que de refuser d'aborder ces préoccupations ; leur négation ou le refus d'y faire face pourrait aboutir à des problèmes plus graves, notamment, la désintégration du groupe. Par ailleurs, pour être productifs, ces échanges devront rester « en deçà » du seuil de tolérance à la tension.

De fait, un niveau de tension trop élevé amènera souvent un groupe à consacrer la quasi-totalité, sinon la totalité de son temps et de ses énergies à des échanges improductifs, et ce, sous le couvert de la participation au travail du groupe. Dès lors, les résultats atteints, s'il en est, et si le groupe a survécu, seront souvent accidentels. Plus encore, si des décisions ont pu être prises, elles pourraient ne pas résister aux chocs qu'entraînera leur application.

## Dans la relation famille et entreprise

Lors des rencontres, chaque membre d'un groupe de tâche pourrait composer avec « son agenda caché », c'est-à-dire ses objectifs et sa motivation individuels non avoués ; il évalue aussi les propos des autres membres, les relations interpersonnelles manifestées, leurs conséquences, etc. Toutes les formes de communication, qu'elles soient verbales ou non verbales, formelles ou informelles, pourraient entrer en jeu, et peut-être encore plus intensément dans un groupe composé de membres d'une même famille comme un conseil de famille.

En effet, les liens familiaux et les expériences antérieures des membres d'un conseil de famille en font souvent un terrain propice au « mode émotif » de communication. En conséquence, il peut arriver que la tension entre les membres de la famille monte à un point tel qu'on ne saura en arriver à parler rationnellement du mandat, des responsabilités, des pouvoirs et du fonctionnement du conseil de famille. Aussi est-il parfois préférable d'inviter un conseiller extérieur compétent à agir comme « facilitateur ».

## Par où commencer ?

Bien que les trois groupes de tâche de la relation famille et entreprise soient importants et que chaque relation famille et entreprise soit particulière, en règle générale, si l'entreprise familiale est une PME, on s'intéressera initialement (ou davantage) au comité d'exploitation. En effet, la contribution de ce comité est primordiale à la rentabilité et à la survie de toute PME.

Si l'entreprise familiale est importante, on s'intéressera d'abord (ou davantage) au conseil de famille. D'une part, des administrateurs et des dirigeants étrangers sont en place dans l'entreprise et ils en assurent l'administration et la gestion, et, d'autre part, les membres du conseil de famille doivent surtout apprendre à assumer leur nouveau rôle.

Plus tard (ou simultanément si la situation l'exige), on s'intéressera aux autres groupes de tâche afin de les revitaliser ou de les créer.

## Lieu de changement d'abord, agent de changement ensuite

Afin que le groupe mène à bien sa « véritable » mission, les premiers efforts seront mis à apprendre à chacun de ses membres à être efficace et efficient. Le changement a lieu d'abord dans le groupe de tâche. Lorsqu'il aura atteint sa maturité, chaque groupe de tâche deviendra un agent de changement.

Par exemple, le conseil de famille saura renforcer le clan familial, préparer la relève, distinguer les rôles de la famille des rôles de l'entreprise, gérer les interactions entre la famille et l'entreprise, mieux s'assurer de la saine administration de l'entreprise, adopter des moyens adéquats pour perpétuer l'entreprise dans la famille, etc.

Le conseil d'administration saura aussi gérer le changement en jouant un rôle plus actif, en respectant la vocation familiale de l'entreprise, en collaborant à la formation du successeur, en assistant le parent-entrepreneur lors de son départ, en conseillant le conseil de famille lors de la transition du leadership, de la propriété et du contrôle de l'entreprise, etc.

Identiquement, le comité d'exploitation saura mieux gérer l'entreprise, collaborer à la formation des membres de la famille, intégrer les membres de la famille à l'emploi de l'entreprise, etc.

## GÉRER LE CHANGEMENT : LES PHASES

La planification d'un changement, quel que soit son lieu – le conseil de famille, le conseil d'administration ou le comité d'exploitation –, comprend trois phases :

- L'état visé (après la mise en œuvre du changement recherché) ;
- L'état actuel (avant la mise en œuvre du changement recherché) ;
- L'état transitoire (pendant la mise en œuvre du changement recherché).

L'état visé doit être décrit en ces termes: la mission visée (mandat, responsabilités, pouvoirs et fonctionnement), les valeurs, les rôles, les règles et les pratiques, les attitudes et les comportements recherchés, et la performance à atteindre. Bref, on planifie l'état visé sous toutes ses facettes.

L'état actuel doit définir la mission actuelle (mandat, responsabilités, pouvoirs et fonctionnement), les valeurs, les rôles, les règles et les pratiques, les attitudes et les comportements actuels ainsi que la performance actuelle. Il importe aussi de décrire l'état de la tension entre les membres du groupe de tâche, de la motivation et des capacités des membres, du soutien organisationnel, des forces de résistance, des forces « favorisantes », etc. Bref, on établit un diagnostic de l'état actuel sous toutes ses facettes.

## Graphique 3

### LES FORCES DE RÉSISTANCE ET LES FORCES « FAVORISANTES »

ÉTAT VISÉ

FORCES DE RÉSISTANCE

ÉTAT TRANSITOIRE

État actuel

FORCES « FAVORISANTES »

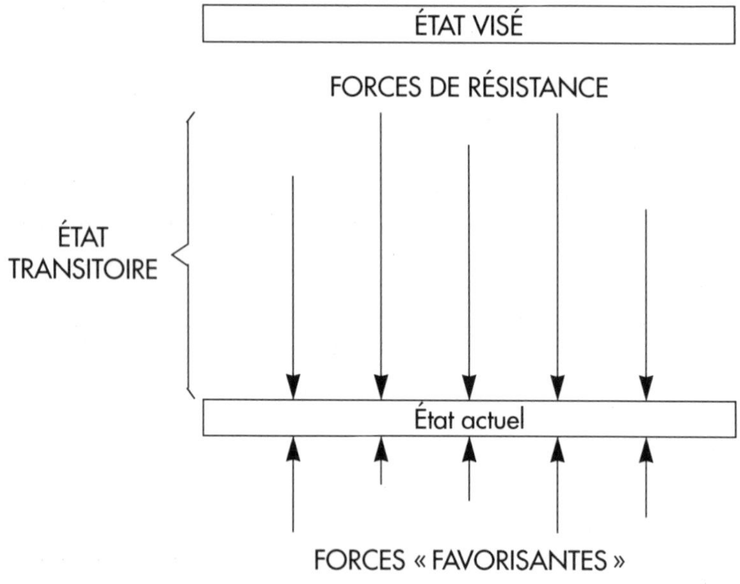

L'état transitoire, même s'il est évolutif, devra être géré (planifié, organisé, dirigé et contrôlé) en fonction du cheminement à suivre et des moyens à utiliser pour passer de l'état actuel à l'état visé. Une bonne façon de faire est de travailler à réduire, voire à éliminer les forces de résistance plutôt que de les ignorer ou de tenter de les écraser sous le poids des forces « favorisantes ». Dans un cas contraire, certaines forces « favorisantes » pourraient être peu efficaces, et certaines forces de résistance, nuisibles. Le Graphique 3 schématise ces forces.

## GÉRER LE CHANGEMENT : LA DÉMARCHE

Dans la relation famille et entreprise, il peut être souvent primordial, nous l'avons vu, que des membres de la famille (et des étrangers) changent des attitudes et des comportements, assument les rôles définis dans chacun des trois groupes de tâche afin que chaque groupe réussisse sa mission particulière. Mais quelle peut être la démarche d'un tel changement ?

### Quatre composantes et trois types de démarche

D'une part, en termes simples, la démarche d'un changement organisationnel comprend quatre composantes différentes bien qu'elles soient interreliées : un transfert de connaissances (formation des membres du groupe et information), un changement d'attitudes, un changement de comportements individuels et un changement de comportements de groupe. D'autre part, un changement organisationnel peut être souhaité par les membres d'un groupe (démarche participative), imposé par une autorité investie de ce pouvoir (démarche directive), ou il peut être un mélange de ces deux approches (démarche participative-directive).

### Démarche participative

La démarche participative propose de débuter le processus de changement par un transfert de connaissances (information et formation) aux membres d'un groupe qui « désirent » le changement recherché (par exemple, les membres du clan familial réunis en conseil de famille). Si le changement est véritablement voulu par les membres, ce transfert de connaissances pourrait les mener à changer des attitudes, des comportements individuels et de groupe, donc à assumer leurs rôles recherchés.

En général, les résultats atteints à l'aide d'une approche participative sont exigeants mais, en contrepartie, ils sont considérés comme étant durables. En effet, les membres du groupe auront voulu et auront pu comprendre les connaissances reçues, et ils accepteront les raisons, les exigences et les conséquences du changement recherché. Mais, il faut le souligner, pour être efficace, une démarche participative exige la motivation, l'engagement et la capacité d'autodiscipline des membres du groupe, ce qui, on le sait, est rarement le cas.

## Démarche directive

Si un changement organisationnel est imposé, sans autres explications, par une autorité investie de ce pouvoir, la démarche est alors inversée : une autorité (par exemple, un parent-entrepreneur) établit et exige le respect de nouvelles directives (règles et pratiques) régissant les rôles et les comportements individuels et de groupe (par exemple, le groupe des enfants à qui il veut laisser l'entreprise).

Les résultats atteints au moyen d'une démarche directive pourraient sembler rapides au début – parce qu'imposés – mais, en contrepartie, ils seront souvent éphémères. En effet, une démarche directive ne favorise aucunement le changement d'attitudes et l'apprentissage (absence d'un transfert de connaissances). En conséquence, lorsque la vigilance de l'autorité ou son pouvoir d'influencer – de bénir ou de punir – diminueront, l'on reviendra rapidement au naturel, à la case départ, et ce, d'autant plus rapidement si les membres du groupe en sont dépendants. De plus, une pression mal exercée ou excessive pourrait entraîner des résultats contraires à ceux recherchés, notamment, le développement d'attitudes et de comportements négatifs.

## Démarche participative-directive

La vigilance d'une autorité et la force d'un pouvoir peuvent être des armes puissantes si elles sont utilisées à bon escient. Un vieil adage disait : « On fait un plus long bout de chemin avec de belles paroles et un revolver que juste avec de belles paroles ! » Ne pourrait-on pas ajouter : « ... ou que juste avec un revolver ! » ? Il est difficile de quitter le confort du connu ; un bon encadrement – ce qui, dans un sens, implique une saine contrainte – aidera à obtenir l'engagement des membres d'un groupe et à le maintenir tout au long d'un processus de changement.

De fait, bien qu'un changement organisationnel puisse être éphémère dans un encadrement contraignant – une motivation externe –, si l'on sait accompagner ce dernier d'un véritable transfert de connaissances (formation et information), il pourrait avoir un effet durable. En effet, le transfert de connaissances renforcerait les nouvelles attitudes, les nouveaux comportements individuels, les nouveaux comportements de groupe. Cette démarche faciliterait donc l'adaptation aux rôles visés. Bref, le transfert de connaissances montrerait la voie et l'encadrement contraignant assurerait qu'on la suive.

En soi, la mise en place et la mise en œuvre (ou, s'il y a lieu, la revitalisation) des trois groupes de tâche de la relation famille et entreprise pourraient se réaliser à l'aide d'un encadrement qui « contraindrait » les membres de la famille (et les étrangers) à adopter les rôles qu'exige la véritable mission de chacun. En effet, l'adoption de ces nouveaux rôles pourrait déjà déclencher et faciliter un changement d'attitudes, de comportements individuels et de comportements de groupe. C'est ce que des experts américains appellent *enactment*.

Michael Beer, Russell A. Eisenstat et Bert Spector écrivaient («Why Change Programs Don't Produce Change», *Harvard Business Review*, Harvard University, Boston, novembre-décembre 1990, p. 159):

> *La plupart des programmes de changement ne fonctionnent pas parce qu'ils s'inspirent d'une théorie du changement qui est fondamentalement erronée. La croyance populaire propose de débuter par la connaissance et les attitudes des individus. Des changements d'attitudes, dit la théorie, entraîneront des changements de comportement individuel. Et des changements de comportement individuel, répétés par plusieurs, aboutiront en changement organisationnel. Selon cette théorie, le changement prend l'allure d'une conversion: lorsque les gens «penseront religion», des changements de comportement suivront à coup sûr.*
>
> *Cette théorie conçoit le processus de changement exactement à l'inverse de ce qu'il devrait être. Dans les faits, le comportement individuel est fortement modelé par les rôles organisationnels que jouent les gens. En conséquence, la façon la plus efficace de changer le comportement est de placer les gens dans un nouveau contexte organisationnel qui leur impose de nouveaux rôles, de nouvelles responsabilités et de nouvelles formes de relations. Cela crée une situation qui, dans un certains sens, «contraint» les gens à adopter de nouvelles attitudes et de nouveaux comportements.*

Ainsi, la bonne mise en œuvre (ou la bonne revitalisation) de chacun des trois groupes de tâche de la relation famille et entreprise créera, comme le suggèrent les auteurs, « un nouveau contexte organisationnel » qui « contraindra » les membres « à adopter de nouvelles attitudes et de nouveaux comportements » cohérents et conformes à leurs « nouveaux rôles ». Mais pour atteindre des résultats à la fois rapides et durables, il faudra, nous en sommes convaincus, accompagner l'encadrement contraignant d'un véritable transfert de connaissances aux membres du groupe de tâche.

## VAINCRE LA RÉSISTANCE

Quelques moyens peuvent aider à vaincre la résistance et faciliter la mise en œuvre d'un changement organisationnel recherché, quel que soit son lieu : le conseil de famille, le conseil d'administration et le comité d'exploitation. En voici cinq importants :

- Susciter et maintenir l'engagement : il est difficile de changer, de quitter le confort du connu (même éprouvant) pour aller vers l'inconnu. Aussi, un encadrement contraignant – une motivation externe – aidera à susciter et à maintenir l'engagement des membres d'un groupe de tâche. Mais si un encadrement contraignant peut aider, un transfert de connaissances est une condition essentielle d'un changement organisationnel réussi. Aussi importera-t-il que les membres soient formés et informés – transfert de connaissances – notamment quant à la situation voulue et aux avantages qui en découleront (état visé), quant à la situation présente et aux désavantages qui en découlent (état actuel), et quant au chemin qui sera suivi et aux moyens qui seront utilisés (état transitoire).

- Favoriser le respect : si un changement organisationnel implique l'engagement des personnes concernées, il est donc nécessaire qu'elles respectent autant la mission du groupe de tâche et les membres du groupe que le conseiller extérieur – l'agent de changement – qui agira à titre de « facilitateur ».

- Prendre le temps : un changement organisationnel peut être plus durable s'il est bâti au cours de rencontres étalées dans le temps plutôt que durant quelques rencontres intensives. Les membres du groupe auront ainsi plus de temps pour comprendre les connaissances reçues, accepter les raisons, les exigences et les conséquences du changement recherché, et les intégrer par la réflexion entre les rencontres : le transfert de connaissances portera fruit.

- Tenir compte de la tension : le succès d'un changement organisationnel se mesure aux résultats concrets obtenus. Mais des progrès dans la performance d'un groupe de tâche ne peuvent être vraiment obtenus que si la tension entre les membres est en deçà du seuil de tolérance propre au groupe (le seuil de tolérance varie d'un groupe à un autre, d'une famille à une autre). Au-delà de ce seuil, la « surcharge émotive » empêchera le groupe de réussir dans sa mission.

- Être cohérent : la mise en œuvre des groupes de tâche de la relation famille et entreprise nécessitera d'adopter des règles et des pratiques cohérentes et conformes à la mission particulière de chacun, ainsi qu'aux valeurs et aux rôles recherchés dans chacun.

## EN CONCLUSION

Les membres d'un groupe de tâche – soient-ils parents ou non – ne pourront en arriver à communiquer rationnellement sur le mandat, les responsabilités, les pouvoirs et le fonctionnement du groupe et, plus tard, à s'acquitter de leur mission commune, que si la tension est en deçà du seuil de tolérance du groupe. Il va sans dire que la présence d'un conseiller extérieur compétent – un agent de changement – favorisera les échanges productifs. Il contribuera également à éviter que ces échanges prennent l'allure d'une guerre à finir ou entraînent la désintégration du groupe (notamment un conseil de famille). Bref, il saura assurer la gestion de la tension, la qualité du transfert des connaissances et l'encadrement d'un processus de changement sainement « contraignant ».

Le rôle du conseiller nécessitera qu'il arbitre les conflits (s'il y a lieu), qu'il réduise les forces de résistance et, surtout, qu'il amène les membres du groupe à connaître, à accepter et à composer avec leurs différences individuelles. Peu à peu, espérons-le, des forces « favorisantes » appropriées permettront de bâtir ou de respecter et de faire respecter une vision commune de la mission du groupe de tâche, soit-il le conseil de famille, le conseil d'administration ou le comité d'exploitation.

# CHAPITRE 5

# LES CONSEILLERS EXTÉRIEURS : ACCROÎTRE LEUR CONTRIBUTION !

L a consultation dans la relation famille et entreprise doit tenir compte des besoins spécifiques, ce qui nécessite des connaissances, une expertise et des habiletés particulières chez les conseillers extérieurs. D'une part, les membres de la famille en affaires, les administrateurs et les dirigeants de l'entreprise familiale et, d'autre part, les conseillers extérieurs, tous doivent reconnaître la spécificité de la relation famille et entreprise afin de mieux agir pour les uns et de mieux intervenir pour les autres.

Nancy Upton, Karen Vinton, Samuel Seaman et Carlos Moore ont comparé la consultation auprès d'entreprises familiales et la consultation auprès d'entreprises non familiales (« Research Note : Family Business Consultants – Who We Are, What We Do, and How We Do It », *Family Business Review*, Jossey-Bass Publishers, San Francisco, automne 1993, p. 301). Ils se sont référés à deux études (Wiseman, Correll, Iannarelli et Vinton, 1991 – appelée ici Vinton – et, Upton, Seaman et Moore, 1991 – appelée ici Upton–).

## LES PARTICULARITÉS MAJEURES

Les auteurs citent trois particularités majeures de la consultation auprès d'entreprises familiales ; elles ont été identifiées par plus de 100 conseillers membres du *Family Firm Institute* (Upton, 1991). Le Tableau 1 les présente.

### Tableau 1

#### LES PARTICULARITÉS DE LA CONSULTATION

- La consultation auprès d'entreprises familiales a surtout trait à la dynamique familiale, aux émotions et à la résolution de conflits.

- La consultation auprès d'entreprises familiales est plus personnelle.

- La consultation auprès d'entreprises familiales comprend la recherche de l'équilibre entre les préoccupations familiales et les préoccupations d'affaires.

Source : *Family Business Review*, automne 1993, p. 305.

Ces particularités mettent en évidence que la consultation auprès d'entreprises familiales exige de tenir compte de l'entreprise, de la famille et des interactions entre la famille et l'entreprise.

## LES TYPES D'INTERVENTIONS

Le Tableau 2 présente les principaux types d'interventions que les conseillers ont dit avoir effectuées lors de leurs consultations auprès d'entreprises familiales (Vinton, 1991 et Upton, 1991).

## Tableau 2

### LES TYPES D'INTERVENTIONS

| Étude Vinton (1991) | Étude Upton (1991) |
|---|---|
| • Planification successorale | • Transition du leadership |
| • Interactions entre la famille et l'entreprise | • Conflits interpersonnels |
| • Performance de la direction | • Conflits entre les objectifs familiaux et d'affaires |
| • Survie, relance et croissance | • Transition de propriété |
| • Planification stratégique | • Délégation |
| • Rôles et transition des rôles | • Planification fiscale |
| • Intégration de membres de la famille dans l'entreprise | • *Cash-flow* |
| • Diagnostic et évaluation des efforts de changement | • Sous-capitalisation |
| • Finances, fiducies et planification du patrimoine | • Absence de demande |

Source : *Family Business Review*, automne 1993, p. 304.

Certaines interventions des conseillers auprès d'entreprises familiales sont comparables à leurs interventions auprès de toute entreprise, soit-elle familiale ou non. Par contre, certaines autres – transition du leadership, interactions entre la famille et l'entreprise, conflits interpersonnels, conflits entre les objectifs familiaux et les objectifs d'affaires, rôles et transition des rôles, intégration de membres de la famille dans l'entreprise, diagnostic et évaluation des efforts de changement – confirment les besoins particuliers de la relation famille et entreprise. Ces besoins découlent de son contexte de « double système ».

## LES ERREURS COMMISES

Les auteurs soulignent aussi les principales erreurs rapportées par les conseillers lors de leurs interventions auprès d'entreprises familiales (Upton, 1991). Le Tableau 3 les présente.

### Tableau 3

**LES ERREURS COMMISES
LORS DES INTERVENTIONS DES CONSEILLERS**

- Ne pas comprendre la dynamique familiale ;
- S'intéresser aux symptômes plutôt qu'aux problèmes ;
- Ne pas connaître les limites de la consultation auprès des individus ;
- Ne pas communiquer adéquatement avec les membres de la famille.

Source : *Family Business Review*, automne 1993, p. 306.

Ces erreurs mettent en évidence le manque d'information, de sensibilité et de formation des conseillers externes aux besoins particuliers de la relation famille et entreprise et, en conséquence, leurs carences actuelles de connaissances, d'expertise et d'habiletés.

## LES OUTILS DE CONSULTATION

Le Tableau 4 présente les outils que les conseillers ont dit avoir utilisés lors de leurs premières rencontres de consultation auprès d'entreprises familiales (Upton, 1991).

## Tableau 4

### LES OUTILS UTILISÉS

- Entrevue individuelle avec chaque membre de la famille (97 %) ;
- Entrevue de groupe (87 %) ;
- Analyse des ratios (48 %) ;
- Tests de personnalité ou tests psychologiques (29 %) ;
- Entrevues auprès de clients (21 %) ;
- Vidéos (4 %).

Source : *Family Business Review*, automne 1993, p. 305.

Selon les auteurs, le choix des outils utilisés par les conseillers semblait être influencé par leur profession d'origine (*idem*, p. 305) :

> *Un expert-comptable, confident de la famille, peut ne jamais faire passer de test psychologique alors qu'un thérapeute familial peut ne pas considérer utile une analyse des états financiers.*

C'est dire que le choix des outils utilisés dépendait, non pas des véritables besoins, mais surtout de l'état des connaissances, de l'expertise et des habiletés du conseiller au moment de son intervention. Quoi qu'il en soit, dans la relation famille et entreprise, l'adéquation des besoins et des moyens semble laisser à désirer : on s'intéresse soit à l'entreprise, soit à la famille, mais trop peu à ces deux systèmes interreliés.

## CONNAISSANCES, EXPERTISE ET HABILETÉS PARTICULIÈRES

L'ensemble de ces résultats indique clairement que la consultation dans la relation famille et entreprise nécessite des connaissances, une expertise et des habiletés particulières – du savoir, du savoir-faire et du savoir-être – répondant à des besoins particuliers. Ils invitent aussi à parler de relation famille et entreprise plutôt que d'entreprise familiale.

Joseph H. Astrachan a rencontré Laura Yanes, propriétaire de Laura Yanes Public Relations, Sacramento, Californie («The Family Business Market: A Conversation with Laura Yanes», *Family Business Review*, Jossey-Bass Publishers, San Francisco, printemps 1992, p. 81). Voici ses propos:

> *Les problèmes et les défis d'affaires concernent toute la famille et non pas seulement le chef de l'exploitation, le fondateur ou les actionnaires majoritaires. Si l'entreprise est en crise, il peut en découler des conséquences importantes sur la famille. L'inverse est aussi vrai. Les problèmes familiaux pénètrent l'entreprise et affectent sa gestion. À moins que les conseillers extérieurs considèrent (et, en fait, comprennent) les deux systèmes, ils ne sauront réussir. Il est futile de croire qu'on ne peut s'intéresser qu'à l'entreprise dans ce marché. Si quelqu'un le fait, il risque de démontrer son incompétence.*

Son message est clair! Et, à notre avis, tout conseiller extérieur doit en tenir compte. Les parents-entrepreneurs et la relève aussi.

### Approche multidisciplinaire

Afin de tenir compte de la complexité de la relation famille et entreprise et de pallier les carences des conseillers, nous préconisons, autant que faire se peut, une approche multidisciplinaire à la consultation dans la relation famille et entreprise. Voici ce qu'écrivait Stephen Swartz (« The Challenges of Multidisciplinary Consulting to Family-Owned Businesses », *Family Business Review*, Jossey-Bass Publishers, San Francisco, hiver 1989, p. 331) :

> *[...] nous croyons qu'il est impossible d'intervenir dans l'entreprise sans affecter le fonctionnement de la famille, et vice-versa. Nous abordons cette réalité par une « approche à double système ».*
>
> *Un des rôles clés du conseiller auprès d'une entreprise familiale est de proposer au client des façons constructives de gérer les tensions qui découlent de l'appartenance à un double système. La pratique d'une telle approche requiert invariablement une expertise multidisciplinaire de la forme de la consultation en équipe. Plusieurs raisons fondamentales justifient cette pratique.*
>
> *Premièrement, si les conseillers croient vraiment que les problèmes du client sont le résultat de l'interaction des systèmes famille et entreprise, ils doivent, afin de travailler efficacement, avoir des connaissances et de l'expérience à la fois de la dynamique familiale et de la gestion d'entreprises.*
>
> *Deuxièmement, la présence de deux conseillers, chacun représentant un des champs de bataille du client, aide ce dernier à avoir une vision plus claire de l'interaction entre les deux systèmes, donc d'une réalité dont on devra tenir compte dans le travail à faire.*
>
> *Troisièmement, l'équipe de consultation elle-même constitue un modèle de collaboration que les clients observent et duquel ils apprennent.*

*Quatrièmement, les familles en affaires sont souvent très réactives et complexes – beaucoup trop complexes pour qu'un conseiller soit efficace seul.*

*Finalement, il y a un avantage additionnel à travailler en équipe multidisciplinaire. En comparant les hypothèses de chacun aux conditions réelles de la situation du client, les conseillers sont en mesure de mieux évaluer les résultats de leurs interventions.*

Nous considérons que la consultation en équipes multidisciplinaires peut être une réponse adéquate aux besoins particuliers de la relation famille et entreprise. Par exemple, un conseiller pourrait concentrer ses efforts au sein du conseil de famille, un deuxième, au sein du conseil d'administration, et un troisième, au sein du comité d'exploitation. Ils pourraient alors échanger leur information et leurs opinions, évaluer la situation en groupe et, en conséquence, conseiller plus adéquatement le client. Mais, il va sans dire, il faudra, d'une part, que chacun des conseillers soit compétent et le maître d'œuvre expérimenté et, d'autre part, qu'ensemble ils forment une vraie équipe !

Quoi qu'il en soit, cette approche est coûteuse et c'est surtout la grande entreprise familiale qui peut se la permettre. Dans la PME familiale, l'on devra, faute de ressources, s'en remettre à un seul conseiller qui saura être un bon « généraliste ».

### Vaincre la résistance !

Cependant, nous le craignons, des conseillers pourraient « résister » au changement. Dans les domaines qui leur sont familiers, certains refusent déjà de remettre en question leurs pratiques, comme le montre le Graphique 1, que nous empruntons à Robert Lescarbeau, Maurice Payette et Yves St-Arnaud (*Profession : consultant*, Les Presses de l'Université de Montréal, Montréal, 1990, p. 56).

**Graphique 1**

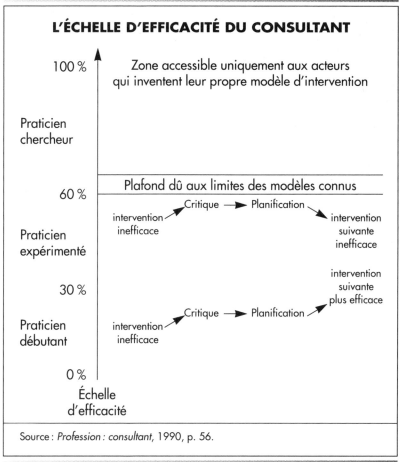

### L'ÉCHELLE D'EFFICACITÉ DU CONSULTANT

100 %  Zone accessible uniquement aux acteurs
qui inventent leur propre modèle d'intervention

Praticien
chercheur

60 %  Plafond dû aux limites des modèles connus

Critique ➝ Planification
intervention                                    intervention
inefficace                                      suivante
Praticien                                       inefficace
expérimenté

intervention
30 %                                            suivante
plus efficace
Critique ➝ Planification
Praticien      intervention
débutant       inefficace

0 %
Échelle
d'efficacité

Source : *Profession : consultant*, 1990, p. 56.

À titre d'exemple, considérons les conventions d'actionnaires. Plus elles se suivent, plus elles se ressemblent ! Les unes autant que les autres définissent surtout ce qu'il ne faut pas faire et ce qu'il adviendrait si... Plus encore, selon des témoignages entendus, 75 % des conventions d'actionnaires rédigées ne seraient pas signées. « Le plafond dû aux limites des modèles connus » n'est-il pas évident ?

Une bonne convention d'actionnaires ne devrait-elle pas d'abord définir ce que veulent faire les actionnaires ? L'on pourrait, par exemple, y retrouver la mission et la stratégie de l'entreprise, les objectifs visés, les valeurs recherchées dans l'entreprise, les principales règles et pratiques, la mission du conseil d'administration, celle du comité d'exploitation, etc. Ou encore, dans la relation famille et entreprise, l'on pourrait penser à intégrer convention familiale et convention d'actionnaires. Quoi qu'il en soit, il faudra faire de nouveaux modèles que les actionnaires, soient-ils parents ou non, accepteront de signer !

## EN CONCLUSION

Les particularités des besoins des familles en affaires et des entreprises familiales nous ont amené à parler de relation famille et entreprise plutôt que simplement d'entreprise familiale. Aussi, les conseillers extérieurs devront-ils, dans un premier temps, reconnaître l'existence de deux systèmes distincts mais interreliés dans une relation famille et entreprise et, dans un deuxième temps, leurs interventions devront être à la fois systémiques (tenir compte de ces deux systèmes – la famille et l'entreprise – et de leurs interactions) et systématiques (être gérées selon un cheminement et des moyens pertinents, intégrés et adaptés à chaque situation).

Mais cette action requiert des connaissances, une expertise et des habiletés qui tiennent compte à la fois d'une famille, d'une entreprise et des interactions entre ces deux systèmes. Or, compte tenu de la nouveauté du domaine, peu de conseillers extérieurs possèdent un tel profil dans l'immédiat. Mais, nous en sommes persuadé, leur volonté les amènera rapidement à savoir, à savoir faire et à savoir être.

# CONCLUSION

# PRÉPARER LA RELÈVE !

**P**réparer la relève, c'est d'abord reconnaître et favoriser la vocation entrepreneuriale de la famille, si l'on décide que telle est sa vocation. Répétons les propos du philosophe : « Nous sommes les enfants de ceux qui nous ont transmis des valeurs. » Dès lors, les valeurs que recherchent les parents, ils les transmettront à leurs enfants à la mesure du beau et du bien qu'ils en diront et, de toute évidence, à la mesure des moyens qu'ils prendront et du temps qu'ils y mettront.

Dans la famille en affaires – un groupe en affaires –, trois valeurs sont tout au moins fondamentales – la cohésion, l'harmonie et la compétence – qui, à leur tour, s'appuient sur des valeurs instrumentales. Ces valeurs peuvent et doivent être recherchées en famille si l'on choisit de favoriser la vocation entrepreneuriale de la famille. Leur partage appuiera la force d'un clan familial en affaires.

Plus tard, si ce n'est déjà fait, les membres du clan familial – réunis en conseil de famille : un groupe de tâche – confirmeront aussi la vocation familiale de l'entreprise. On établira, d'une part, les modalités de carrière des membres de la famille dans l'entreprise et les modalités de transition du leadership, de la propriété, du contrôle de l'entreprise, et, d'autre part, autant la contribution du conseil de famille et du conseil d'administration, que celle du comité d'exploitation. Les volontés du conseil de famille seront traduites en règles et en pratiques – consignées dans une convention familiale – cohérentes et conformes à sa mission, aux valeurs et aux rôles recherchés.

Mais si les temps ont changé... et changent, ils doivent encore changer! Car aujourd'hui encore, d'une part, on valorise peu le rôle des filles au sein de l'entreprise familiale (peu d'entre elles ont accès à des postes de direction, et si elles y accèdent, elles auront dû et devront exceller davantage que les garçons) et, d'autre part, bien que la permanence soit un principe comptable reconnu et qu'il soit un devoir des membres du conseil d'administration de l'assurer, on y porte peu d'attention. Bientôt, nous en sommes persuadés, les filles auront pris la place qui leur revient. Mais qu'en sera-t-il de la permanence?

Les statistiques le montrent clairement: la permanence de l'entreprise familiale, voire de toute entreprise, n'est pas une valeur suffisamment recherchée et comptabilisée, et dans notre société, et dans nos entreprises. On le sait, la recherche d'une valeur se traduit en règles et en pratiques: en manières de faire. Or, si la gestion et la performance ont leurs règles et leurs pratiques, celles de la perpétuation et de la permanence commencent à peine à prendre forme. Mais elles viendront, et bientôt, on saura aussi comptabiliser la permanence tout comme on a su le faire pour la gestion, la performance et, plus récemment, pour l'écologie. Avec le temps, on connaîtra des étapes et des moyens! On aura des modèles! On bâtira des traditions! Mais il faut un point de départ, et dans les connaissances, et dans les efforts qu'y mettront la société... et les familles en affaires.

À notre avis, les entreprises familiales pourraient et devraient constituer une partie «solide» du tissu économique d'un pays. Famille et entreprise pourraient et devraient signifier «cohésion, harmonie et compétence», et «performance et permanence». Mais atteindre un tel objectif requiert d'abord d'apprendre à distinguer et à concilier réalité et rêve ; émotion et raison ; autonomie financière, croissance et dividendes ; groupe et individu ; permanence, relève et départ ; etc. On devra aussi agir !

Dans les «vieux» pays, des entreprises familiales ont su durer de génération en génération depuis des centaines d'années. Hoshi Hôtel, au Japon, est demeuré une entreprise familiale... depuis 718. Un club international, le Club des hénokiens, regroupe des entreprises familiales qui sont bicentenaires... ou plus. Ces «vieilles» familles en affaires ont su bâtir des traditions et elles ont su aussi les transmettre à leurs descendants. Mais, forcément, il y a eu un début !

**BONNE CHANCE !**

# BIBLIOGRAPHIE

Astrachan, J. H., « The Family Business Market : A Conversation with Laura Yanes », *Family Business Review*, Jossey-Bass Publishers, San Francisco, printemps 1992.

Astrachan, J. H., « Preparing the Next Generation for Wealth : A Conversation with Howard H. Stevenson », *Family Business Review*, Jossey-Bass Publishers, San Francisco, printemps 1993.

Banque fédérale de développement, Société de développement industriel du Québec et Université du Québec à Montréal, *Le Comité conseil*, Publications Préface inc., Montréal, 1988, 27 p.

Beauregard, V., « Les chiens de garde des conseil d'administration montrent les dents », journal *La Presse*, Montréal, 20 avril 1994.

Beer, M., Eisenstat, R. A. et Spector, B., « Why Change Programs Don't Produce Change », *Harvard Business Review*, Harvard University, Boston, novembre-décembre 1990, 246 p.

Benson, B., Crego, E. T. et Drucker, R. H., *Your Family Business*, Richard D. Irwin Inc., Homewood, 1990, 260 p.

Bourse de Toronto, *Where Were The Directors ?*, Toronto, mai 1994, 66 p.

Frishkoff, P. et Frishkoff, P., « Knowing Yourself, Understanding Others », *Family Business Forum News*, The University of Texas, El Paso, novembre 1993, 8 p.

Harris, T. B., « Some Comments on Family Firms Boards », *Family Business Review*, Jossey-Bass Publishers, San Francisco, été 1989.

Hill, L. A., *Becoming a Manager*, Penguin Books, New York, 1993, 331 p.

Le Cours, R., « Les membres de CA ne doivent pas être des béni-oui-oui », journal *La Presse*, Montréal, 17 février 1994.

Le Cours, R., « Les CA devraient être plus sévères, croient des sages », journal *La Presse*, Montréal, 17 mai 1994.

Lescarbeau, R., Payette, M. et St-Arnaud, Y., *Profession : consultant*, Les Presses de l'Université de Montréal, Montréal, 1990, 341 p.

Lessard, D., « 500 millions de mauvaises créances : Québec serre la vis à la Société de développement industriel », journal *La Presse*, Montréal, 4 février 1994.

Morin, H., « Péladeau II, dit le tempéré », *Suites-Le magazine des diplômés-es de l'UQAM*, Bureau des diplômés-es de l'Université du Québec à Montréal, Montréal, janvier 1993, 40 p.

Nesbitt, L.L., « Long-Term Rewards from Shareholder Activism : A Study of the CalPERS Effect », *The Continental Bank Journal of Applied Corporate Finance*, Stern Management Services Inc., New York, hiver 1994.

Perreault, Y.G., *L'Entreprise familiale. La relève : ça se prépare !*, Les éditions Transcontinentales et Fondation de l'Entrepreneurship, Montréal, 1993, 289 p.

Perreault, Y.G., *Le Plan d'affaires stratégique vers le succès*, Gaëtan Morin éditeur ltée, Boucherville, 1994, 192 p.

Peters, T., *Le Chaos management*, InterÉditions, Paris, 1988, 610 p.

Seymour, K. C., « Intergenerational Relationships in the Family Firm : The Effect on Leadership Succession », *Family Business Review*, Jossey-Bass Publishers, San Francisco, automne 1993.

Sonnenfeld, J., *The Hero's Farewell : What Happens When CEOs Retire*, Oxford University Press, New York, 1988, 324 p.

Sonnenfeld, J. et Spence P. L., « The Parting Patriarch of a Family Firm », *Family Business Review*, Jossey-Bass Publishers, San Francisco, hiver 1989.

Swartz, S., « The Challenges of Multidisciplinary Consulting to Family-Owned Businesses », *Family Business Review*, Jossey-Bass Publishers, San Francisco, hiver 1989.

Thain, D. et Goldthorpe, R., « Turnaround Management : How to Do It », *Business Quarterly*, School of Business Administration, The University of Western Ontario, London, février 1990.

Toffler, A., *Les Nouveaux Pouvoirs*, Fayard, Paris, 1991, 859 p.

Tracy, D., *La Pyramide du pouvoir*, InterÉditions, Paris, 1990, 158 p.

Upton, N., Vinton, K., Seaman, S. et Moore, C., « Research Note : Family Business Consultants – Who We Are, What We Do, and How We Do It », *Family Business Review*, Jossey-Bass Publishers, San Francisco, automne 1993.

Ward, J. L., *Keeping the Family Business Healthy*, Jossey-Bass Publishers, San Francisco, 1987, 266 p.

# COLLECTION ENTREPRENDRE

**Devenez entrepreneur**
**Pour un Québec plus entrepreneurial**                27,95 $
Paul-A. Fortin                                          360 pages, 1992

**Les secrets de la croissance**
**4 défis pour l'entrepreneur**                         19,95 $
sous la direction de Marcel Lafrance                    272 pages, 1991

**Correspondance d'affaires**
**Règles d'usage françaises et anglaises**
**et 85 lettres modèles**                               24,95 $
Brigitte Van Coillie-Tremblay, Micheline Bartlett       268 pages, 1991
et Diane Forgues-Michaud

**Relancer son entreprise**
**Changer sans tout casser**                            24,95 $
Brigitte Van Coillie-Tremblay et Marie-Jeanne Fragu     162 pages, 1991

**Autodiagnostic**
**L'outil de vérification de votre gestion**            16,95 $
Pierre Levasseur, Corinne Bruley et Jean Picard         146 pages, 1991

Achevé d'imprimer
en octobre 1994 sur les presses
des Ateliers Graphiques Marc Veilleux Inc.
Cap-Saint-Ignace, (Québec).